「おいしい」と言われるワンポイント

土井善晴の
定番料理はこの1冊

光文社

はじめに

おいしい料理を作るためのコツには、必ず理由があります。ふだん家庭で作る料理は、もちろんプロの料理とは違います。しかし家庭料理であっても、例えば炒め物の素材の切り方や、煮魚を作るときの魚の下処理、シチューを煮込む前の作業、それぞれの手順に隠された理由を理解して「きっちり」作ることで、出来上がりの味は断然違ってくるものです。

この本は、『日本経済新聞』の夕刊で月に一回、連載している広告特集「土井善晴の食卓応援団」（日本経済新聞社クロスメディア営業局制作）の中から、30品目のメニューを選んで再構成しました。取材と文章は同社の丸山工さんによるものです。料理の取材は私もたくさん受けますが、丸山さんが質問してくることは、ふだん私が接している料理専門記者の方々とはまた違う視点からのものが多いのです。その結果、私の方も調理の手順ひとつひとつを「そもそも論」から解説することになり、そこから気付かされたり、改めて考え直したりすることもあって、いつも新鮮な気持ちで仕事をしています。

というわけで、その連載をまとめた本書は、読者の皆さんにとっても、普通のレシピ本とは違う、新しい発見がたくさんある内容になっていると思います。取り上げているのは本当に定番の家庭料理ばかりですが、ここで紹介しているちょっとした工夫やコツを、ぜひ取り入れてみてください。そして読者の皆さんがそれぞれの「家庭の味」を作り上げることに役立てば、たいへんうれしく思います。

土井善晴

土井善晴の　定番料理はこの1冊　もくじ

Part 1 いつでも作りたい基本の料理

Part 2

春から夏の定番料理

Part 3

秋から冬の定番料理

本書は、『日本経済新聞』夕刊に2005年9月より連載されている
広告特集「土井善晴の食卓応援団」（日本経済新聞社クロスメディア営業局制作）から
30品目のメニューを選び、加筆修正したものです。

取材・文――丸山 工（日本経済新聞社クロスメディア管理本部企画部）
撮影――阿部稔哉
編集協力――岸久美子（Blooming & Co.）
装幀――Malpu Design（清水良洋）
本文デザイン――Malpu Design（佐野佳子）

Part 1

いつでも作りたい基本の料理

ポテトサラダ

ゆですぎない、混ぜすぎない食感の違いを生かすのがコツ

ジャガイモはいつも家庭の台所にある代表的な野菜のひとつ。献立に困ったときにもジャガイモさえあれば、さっとゆでれば粉吹きイモ、それをつぶせばマッシュポテト、丸めて揚げればコロッケと、応用力抜群の素材といえます。

家庭料理の定番となっている「ポテトサラダ」も、そのままで副菜や酒のさかなに、あるいはハムステーキなどを添えればメインのおかずにもなる便利なメニュー。幅広い年齢層の方にジャガイモの滋味を楽しんでいただける一品です。

誰にでも簡単に作れそうなポテトサラダですが、その工程には「煮崩れないジャガイモの煮方」「キュウリの塩もみ」「さらし玉ネギ」「ゆで卵」など、おいしさのベースを底上げする料理の基本がたくさん含まれています。ポテトサラダをマスターして、多彩なメニューに応用してみましょう。

ゆでる　―ジャガイモにはT字形に包丁を入れる

ポテトサラダは、ジャガイモ、キュウリ、ニンジン、玉ネギなど、それぞれの野菜にほんの少し手間をかけ、最後にさっくりと混ぜ合わせて出来上がる。手を

抜くことなく、丁寧に仕上げたポテトサラダの味わいは、まさに家庭料理の王道といえる。

まずはジャガイモ（400g）をゆでる。

「ジャガイモのホクホクとした味わいを生かすには、煮すぎてベチャベチャになってはいけません。中まで火は通っているけれど、煮崩れしない状態にすることが大切」と土井先生は説明する。

煮崩れしないようにするポイントは、火加減や加熱時間にもよるが、その前の段階での、ジャガイモの切り分け方にも注意が必要だ。

「素材にまんべんなく火を通すには、同じくらいの大きさに切りそろえておくこと。ジャガイモはT字形に包丁を入れるとちょうど3等分され、均等な大きさに切ることができます」

ほぼ同じような大きさに切ったジャガイモを大きめの鍋に入れ、かぶるくらいの水を加えて中火にかける。大きな厚手の鍋のほうが熱量が大きくなって芯まで火が通りやすい。大きなお風呂のほうが体の芯まで温まるのと同じだ。

鍋が煮立ってから弱火にして約20分。土井先生がジャガイモに金串を通すと、スーッと下りていく。

「中まで火が通ったところで、ゆで汁を捨てます。このとき、粉吹きイモを作るような要領で鍋を少し揺らし、余分な水分を飛ばしましょう。とはいえ多少、水分があった方が口当たりがなめらかになるので、完全に飛ばしすぎないようにしてください」

ゆでたジャガイモはガラスのボウルに移し、粗くつぶして塩・コショウをする。少し冷ました後は表面が乾かないようにボウルにふきんをかけておくことも、ささやかなポイントといえる。

下ごしらえ　―キュウリ、ニンジンはシャキシャキに

「ジャガイモをゆでている間に、キュウリを塩もみして、ニンジンをゆで、さらし玉ネギを作っておくと短時間のうちに仕上げることができます」

キュウリ（1本）の塩もみの塩分は、キュウリの重量に対して2％が目安。「数字はあくまでも目安なので、少し味見をしてみて、おいしいと感じることが大切。塩が足りないと思えば足せばいいし、塩が強いと感じたらさっと洗えばいいのです。自分の感覚を大切にしてこそ、その家ならではの家庭の味が作られていくの

です」と土井先生はレシピに頼りすぎないことの大切さも説く。「キュウリは塩もみをしてふきんで軽く絞った後、おにぎりのように形が丸く整っていると塩分がほどよく入った証拠。上手にできたと思って大丈夫」。

ニンジン（80g）はさっとゆで、少し歯応えが残っているくらいで水気を切ること。「キュウリやニンジンのシャキシャキとした歯応えが、ホクホクとしたジャガイモのおいしさをさらに引き立ててくれます」。

さらし玉ネギを作る
――辛みのない玉ネギのうまみを

「さらし玉ネギ」とは、単に玉ネギを水にさらすことではない。みじん切りの玉ネギに塩を加えて水分を出し、玉ネギのうまみを凝縮させたものが「さらし玉ネギ」だ。

「みじん切りにした玉ネギ（120g）に塩を少し加え、ぬれぶきんで包み、優しくもみほぐします。ふきんの表面からジワーッとぬめりが出てくるまで、ゆっくりとなで続けてください。ぬめりが出てきたらふきんごと水でよく洗い、固く絞ります。このひと手間で玉ネギから水分や辛みが抜け、玉ネギのうまみが一段と際立ちます。生のまま食べるときは、さらし玉ネギにするとお子さまでも食べやすい優しい味に仕上がります」

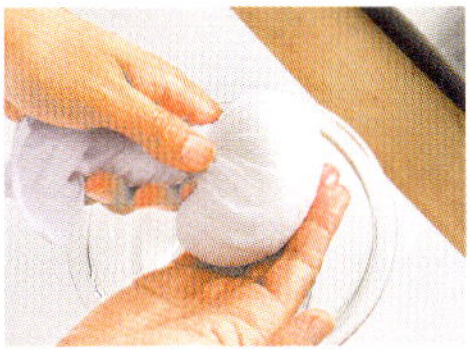

あえる ─混ぜすぎないことがポイント

ロースハム（60g）を色紙切りにした後、ゆで卵を作る。上手なゆで卵の作り方は「水が沸騰してから8分ほどゆで」「氷水に入れる」こと。ゆで卵を氷水で冷やすのは、余熱でゆで加減が進まないようにするため。ゆですぎて黄身が白くなることなく、鮮やかな黄色い黄身となる。殻をむいた卵は、粗めに切っておこう。

ポテトサラダの隠し味となるのが「レモン」。マヨネーズ味のサラダに半個分のレモン果汁を加えることで、さわやかな風味がプラスされる。「レモンはそのまま搾ると、苦みや渋みが出てしまいます。搾る前にまな板の上で、手のひらを使ってやわらかくなるまでよくもみほぐすと、レモン本来のさわやかな風味ある果汁を搾ることができます」。

冷蔵庫から出した硬いままのレモンを絞り器に押しつけて、力任せに搾った味とは格段に違う果汁のおいしさを試してみるべし。ほんのちょっとの手間が、おいしい料理へと導いてくれることを土井先生は教えてくれる。

ここまでで、すべての素材への「ひと手間」が完了。後はこれら全部を混ぜ、好みの量のマヨネーズを加えて仕上げるだけだ。

「ほら、キュウリ、ニンジン、玉ネギ、それから卵にハムと、ジャガイモの分量

以上にたくさんの素材が入っているでしょう。これこそが家庭で作るポテトサラダです」

しっかりと存在感あるジャガイモに、野菜、卵、ハムもたっぷり。

「全体をさっくりと混ぜるだけ。混ぜすぎないことがポイントです。ポテトサラダは渾然一体となっているより、ムラがあった方が楽しいでしょ。家庭のサラダは完ぺきの数歩手前くらいでちょうどいい」

確かに、出来合いのお総菜とは全然違う、「わが家」のポテトサラダが出来上がった。

レシピ

ポテトサラダ

材料（4人分）

ジャガイモ――400g
玉ネギ――120g
キュウリ――1本
ニンジン――80g
ロースハム――60g
卵――2個
マヨネーズ――100g
塩、コショウ――各適宜
レモン汁――1/2個分

作り方

1. ジャガイモは皮をむいて3～4つに切り、さっと洗って鍋に入れる。かぶるくらいの水を注いでふたをして、中火にかける。煮立ったら弱火にし、中心まで十分にやわらかくなるまで約20分ほどゆでる。ゆで汁を捨て、木べらで粗くつぶし、塩、コショウをする。
2. キュウリは小口切りにした後塩少々で塩もみをし、絞る。
3. ニンジンはいちょう切りにし、熱湯でさっとゆで、水気を切る。
4. 玉ネギはみじん切りにし、塩少々を振ってぬれぶきんで包み、ぬめりが出るまでもんだ後、ふきんごとぬめりを水で洗って固く絞り、さらし玉ネギを作る。
5. ロースハムは色紙切りにする。
6. 卵は水が沸騰してから8分前後ゆでて、氷水で冷ましてから殻をむき、卵カッター（なければ包丁）で粗く切る。
7. ボウルに1から6までの材料とレモン汁、マヨネーズを入れ、あえる。ジャガイモは完全につぶさず、少し形を残す。仕上げはさっくり簡単に混ぜるだけでよい。

チャーハン

格好をつけてあおる必要なし
ご飯をしっかり焼くように炒める

チャーハンというと、「強い火で鍋をあおりながら炒めるもの」と思っている人が多いのではないでしょうか。強い火加減を車のアクセルに例えれば、フルスロットルで走るレーシングマシンのようなもので、相当な腕前がないと事故（失敗）につながる可能性が高いのです。アクセルを弱め、中火の火加減でも、本格的なチャーハンをおいしく、そして誰もが上手に作ることができます。

調理のポイントは、ご飯の下側がしっかり焼けてから返し、それを何度も繰り返しながらご飯全体に火を通していくこと。「ご飯一粒一粒をしっかり焼く」という感覚で、じっくり時間をかけて炒めます。今回のレシピは２人分です。炒め物は一度に作る量が少ないほど、返しやすく全体に火を通しやすいのでうまくいきます。

下ごしらえ　ご飯は「冷たいまま」でも大丈夫

厨房に並べられた素材は、ご飯と卵、チャーシュー、長ネギのみ。「今回は調理のポイントがとらえやすいよう、最もシンプルなチャーハンを作ります。この基本が身に付けば、好みの具材を加えたりあんかけチャーハンにしたりと、いろ

いろなバリエーションも楽しめますよ」と土井先生は説明する。

まず長ネギ（2分の1本）を粗みじん切りにし、チャーシュー（50g）もチャーハン全体にまばらになじむよう小さく刻む。ご飯は前日に炊いたもので、冷めて一塊にくっついた状態だ。

ご飯がさばけやすいよう事前に温めるやり方もよく知られるが、土井先生は「それは余計なこと」と言う。この理由は、後で炒めていく過程で一目瞭然に納得できる。

炒める

——ご飯一粒一粒を焼く感覚で

まずフライパンに炒め油（大さじ1）をしっかり熱し、卵（1個）をほぐし入れる。ジュワッという音とともに、卵が周りからふっくらと膨らむ。その上にすぐご飯を入れ、全体をひっくり返す。焼けた卵をおたまの先で細かく切り、そしておたまの底でご飯をトントンと軽くたたく。「冷めてくっついたご飯でも、温まったところからこうして軽くたたくだけでさばけていきます。温ま

ってないのに無理にばらばらにすると、おたまにご飯がくっついたり、ご飯粒をつぶしてしまい余計粘ってしまいます」。

土井先生はここでご飯を混ぜずに、静かにそのまま火にかけている。チャーハンといえば豪快にかき混ぜながら作るものとイメージしていたが、そんな炒め方とはずいぶん違う。

「こうしてご飯を焼いていくのです。おもちも焼きおにぎりも、しっかり焼けているからこそおいしい。チャーハンも同じで、どんどん返してしまうとご飯が焼き足らず、味気ないチャーハンになってしまいます。このように動かさずじっくり火にかけ、下側のご飯の表面がややカリッとした感じに焼けたところで、全体をざっと返します」

返したら再びおたまの底でトントンとたたき、ご飯をさばけさせていく。このあたりで塩（小さじ2分の1）を振り、味を調えておく。

「ご飯を焼く。全体を返す。トントンとたたく」――この一連の動きを、土井先生は十数秒間隔くらいでテンポ良く何度も繰り返していく。そのうちに、最初は塊のようにくっついていたご飯が、確かにチャーハンらしく徐々にさばけた状態になってきた。

「こうやって、『ご飯一粒一粒をしっかり焼く』という気持ちで炒めていきます。返すタイミングは火加減によって変わります。火が強いと手が追い付かなくなる

ので、中火程度でゆっくり焼けばいいです」

具を加える ――仕上げの水で、ご飯をふわっと

ご飯がある程度さばけたところで具のチャーシューを加え、引き続き「ご飯を焼く。全体を返す。トントンとたたく」を繰り返していく。全体が焼けてご飯がきれいにさばけたところで、刻んだ長ネギを加えて混ぜ返す。

軽く炒めたら、しょうゆ（小さじ1）を鍋肌に沿ってさっと回しかける。フライパンから、しょうゆが焼けた何とも香ばしいにおいが漂ってきた。

混ぜ返して味をなじませた後、土井先生は仕上げに水（大さじ1）をジュワッと加える。

「焼いただけの状態だと、ご飯の表面が硬くなって、食感や味わいも重たい。最後に水の蒸気で蒸すことで、ご飯がふわっと仕上がります」。確かにご飯の様子がつややかでふんわりと変わり、見るからによりおいしそうな感じに仕上がった。

盛り付けられたチャーハンをほおばると、しっかりと焼けて程よくほろりとしたご飯の味わい、そして具のチャーシューや卵のうまみが深みをもって口の中を満たしていく。味付けが塩としょうゆだけというのが信じられないくらい、シンプルな基本が生む完成されたおいしさを、心から実感できるチャーハンだった。

フライパンの手入れ

「油ならし」で一生もの

最近は多くの家庭でフッ素樹脂加工のフライパンが使われているが、今回土井先生にあえて普通の鉄のフライパンで調理してもらった。鉄のフライパンでチャーハンを作るとき、卵やご飯がフライパンにくっついてしまうという失敗がよくあるからだ。

「鉄のフライパンを上手に使うには、『油ならし』が大切です」と土井先生は説明する。その手順は次の通り。

❶フライパンをそのまま強火にかけ、煙がもやもやと漂い出るまで熱する。
❷熱くなったフライパンにたっぷりの油を注ぎ入れ、全体に回してから油を取り出す。
❸フライパンを火にかけ、再び煙が出るまでよく熱する。
❹ためた水の中にフライパンをジュッと入れて冷まし、流水とたわしで洗う（洗剤は使わない）。

「この『油ならし』で、フライパン表面に油の被膜ができるのです。卵などを炒めるとよくくっつくフライパンでも、❶〜❹の一連の作業を3回繰り返せば、もうくっつかなくなります」。フライパンは相当高温になるので、十分に気を付けよう。

「鉄のフライパンは長年使える一生もの。強い熱が素材に伝わるので、例えば普通の目玉焼きでも周りがパリッと焼けた一段違うおいしさに仕上がりますよ」

普段の炒め物に使うときは、❶〜❷を行ってから、あらためて炒め油をひいて調理する。使った後は熱いうちに流水とたわしで洗い（洗剤は使わない）、すぐ乾かす。またこのフライパンで魚を焼くと、その脂が皮膜になってにおいが移るので、魚料理には使わない方がよい。

レシピ

チャーハン

材料（2人分）

- ご飯――300g
- 卵――1個
- チャーシュー――50g
- 長ネギ――1/2本
- 炒め油――大さじ1
- 塩――小さじ1/2
- しょうゆ――小さじ1
- 水――大さじ1

作り方

1. 長ネギは粗みじん切り、チャーシューも小さく刻む。
2. 炒め油をしっかり熱し、卵をほぐし入れて、すぐにご飯を入れて焼き炒める。
3. 2に塩を振り、味を調える。
4. チャーシューを加えて炒める。
5. 長ネギを加えて、軽く炒めて仕上げる。
6. 鍋肌からしょうゆを回し入れ、水を入れてふわりとさせて、出来上がり。

ギョーザ

焼き色を付けてから蒸すのはダメ パリッとした焦げ目は最後に

ギョーザ本来のおいしさは、皮そのものの味わいにあります。手作りしたギョーザの皮は、食べ応えのあるやわらかな食感と豊かな風味があって、本当においしいですよ。皮を丸く伸ばす作業は、最初の何個かは少し手間取るかもしれませんが、慣れてくると簡単にできます。そのおいしさを味わえば、きっと毎回手作りしたくなるでしょう。

今回のギョーザに包む具は、素材も味付けもあっさり軽めで、優しいおいしさにしています。野菜も多めで脂っこくないので、栄養バランスの面でも家族思いの一品といえるでしょう。そしてギョーザを焼くときのポイントは、まず熱湯を加えてふたをして蒸し焼きにし、火が通ってから焼き色を付ける、ということです。こうすると焦げ目が水気でふやけず、パリッと香ばしく仕上がります。

生地を練る　―外側を内側にたたむようにこねる

「ギョーザは、小麦粉で作った皮のおいしさを楽しむお料理です。うどんの打ち方やコシにこだわるように、おいしい皮作りができれば、極端に言うと中に何を包むかはそれほど問題でないと思えるくらい、皮そのものの味わいが魅力的なギ

ヨーザになります」

まず皮の生地を作る。薄力粉（200g）をボウルに入れ、熱湯（110cc）を加えて菜箸でざっくり混ぜ合わせる。次に両手の指先で下から上にかき上げるように混ぜ、全体をそぼろ状にほぐしていく。

「そぼろ状になったとき、ボウルの底に粉がなじまずに残っていれば、その分だけごく少量の水を足してなじませます。逆にやわらかくなりすぎたら、あまり好ましい方法ではありませんが、少しずつ粉をまぶして練り込み（もしくは打ち粉を多めにして）、硬さを調整します」

ボウルの下に水気がなくなったら丸く一塊にまとめ、打ち粉（強力粉を適量）をした台の上で生地を練っていく。

「生地の外側を内側にたたみ込むように手のひらでぐっと押し、生地を少し回転させて同じように押す――。これをリズム良く、何度も繰り返していきます。表面がなめらかになるまでしっかり練ってください」。十分に練ったら、ラップに包んでそのまま30分ほど置く。生地を寝かせておくと、

小麦粉に含まれるグルテンが粘りを出す。

具の下ごしらえ

―家庭らしい軽い味わいをめざす

生地を寝かせている間に、具の下ごしらえをしておく。今回のギョーザの具には、豚ひき肉、エビ、ニラ、モヤシ、卵を使った（特別な手順はないので、各素材の分量と下ごしらえの方法、調味料などはP27のレシピを参照）。定番と思えるニンニクは入れず、卵もつなぎにではなく焼いたものを具として使う……。どうしてだろうか。「お店のギョーザは濃厚で味の強いものが多いですが、今回のギョーザはそれとは違い、あっさりと軽やかで家庭料理らしい手作りならではのおいしさを楽しめます。焼いた卵を入れるのも、味を軽くするためです。ご家庭の好みで、いろいろな具材を加えてみてください」。具は、まずひき肉だけを粘りが出るまで混ぜ、そして調味料とほかの素材を全部加えてざっくりと混ぜ合わせる。

皮を伸ばす

―左手に皮、右手に麺棒

次に皮を作る。30分寝かせた生地は練った直後の状態とは明らかに違い、表面がつるんとして、手でつまんで引っ張るとぎゅーっと伸びていく。コシを出すた

めに、生地を再び前述の要領で練っていく。そして30㎝ほどの棒状に伸ばしてから半分に切り、さらに半分にと、全部で24等分に切り分ける。この1個が皮1枚になる。

打ち粉をした台の上に生地を載せ、まず手のひらで軽く押して平らにする。「ここから麺棒で薄く伸ばしていきますが、左手と右手の役割分担がポイント。左手は生地を押さえて回転させる役割、右手は麺棒を持って伸ばす役割です」(左利きの場合は逆)。

まず左手の指先を生地の下の真ん中くらいまで入れ、そして右手で麺棒を手前から生地の中央まで転がして、全体の半分を軽く伸ばす。次に生地を少し回転させ、再び麺棒で伸ばす——。この動きを繰り返しながら、直径8㎝ほどの皮にする。「だいたい8回動かして1周、そして2周させながら全体を伸ばしていくくらいが適当です。少々形が良くなくても包んで焼いたら同じですから、几帳面にしすぎる必要はありません」。

具を包む

——両端を一つ折りで簡単に

皮を1枚作るごとに具を包んでいく。手のひらに皮を置き、その真ん中に具を適量載せたら、皮の両端をつまみ上げて合わせる。よくあるのは、ここから皮を

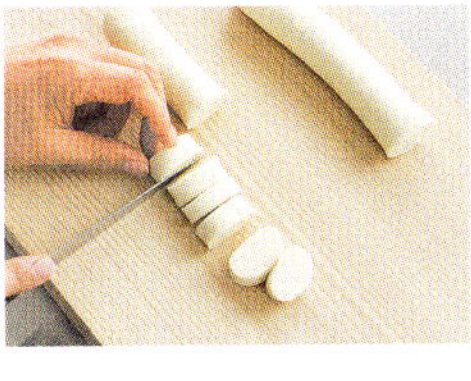

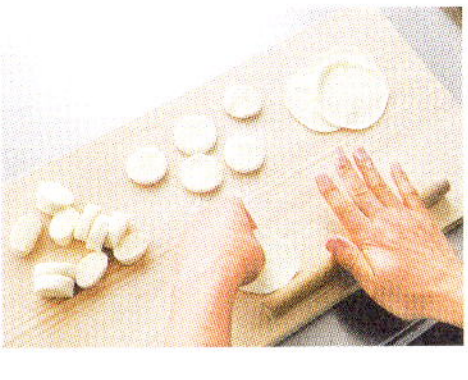

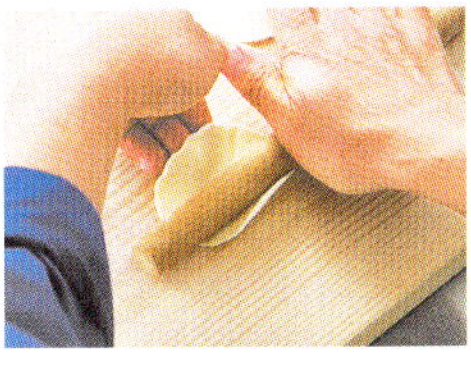

ひだひだに折って閉じるやり方だが、土井先生の方法はそれよりずっとシンプルだ。開いた片側を1回折り、そしてもう片側も1回折るだけ（折る形は写真を参照）。「この包み方は全く難しくありませんし、きちんとギョーザらしい形になります。ぜひお子さんと一緒に、皮を作るところからやってみてください。一緒に作る面白さも、ギョーザならではの楽しみです」。

焼く
――「まず蒸し焼き、次に焦げ目」が鉄則

ギョーザをすべて包み終わったら、いよいよ焼く。フライパンにサラダ油（大さじ1）を敷いて、ギョーザを半量並べて中火にかける。そこに熱湯（2分の1カップ）を注ぎ、ふたをして5～6分蒸し焼きにする。皮に火が通って透き通ってきたら（ガラスのふただと皮の様子が見えて便利）、ふたを外して水分を飛ばす。そしてつやを出すために油を少量かけて、ここから焼き色を付けていく。

「よく最初に焼き色を付けてから湯を注ぐという方法も紹介されていますが、それだと焦げ目が水分でふやけてしまいます。こうしてまず蒸し焼きにして、それから焼き色を付けるという手順の方が、上手にパリッと焼き上がります」

焼き上がったギョーザをたれに付けてほおばると、もっちりした皮の食感と風味が口の中に心地よく広がっていく。中に包まれたホクホクの具は、あっさりし

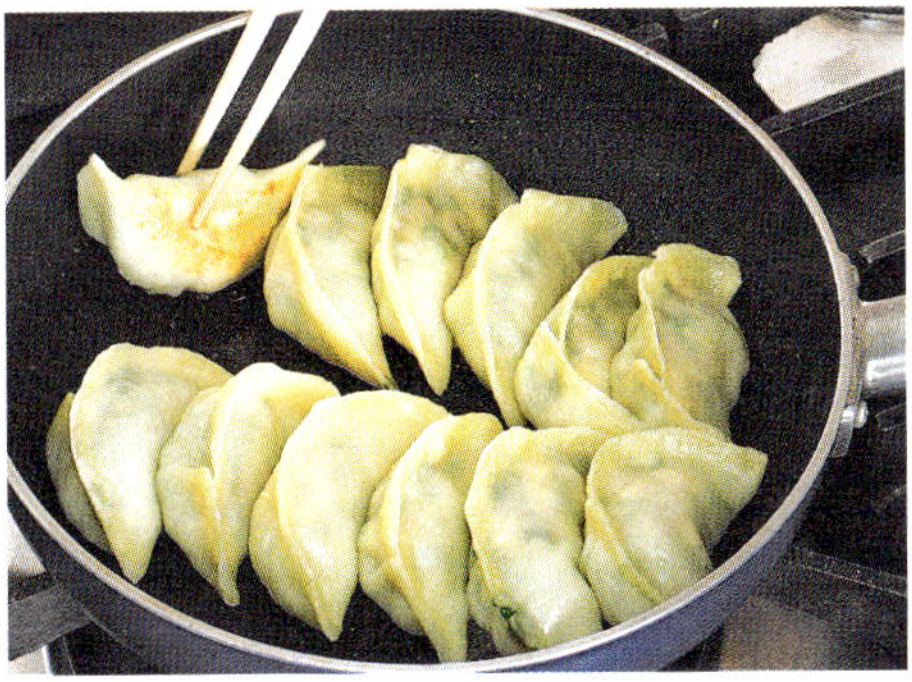

た味わいながらもかみしめるたびにおいしさが膨らんでいく。

「皮を上手に作るためには、水分の加減が重要です。湿度の高い日は粉がすでに水分を含んでいたり、ちょっとした計量の違いで水分が多くなりすぎることもあります。水分が多いと、皮同士がくっつき合うなど扱いにくくなります。正確な計量も大事ですが、最初に熱湯を合わせる際に少し控えめにして、加減すると良いでしょう。また、焼きギョーザの皮はやわらかめに、水ギョーザの場合は熱湯でなく水で合わせて硬めに仕上げるのがコツです」

レシピ

エビと卵と豚ひき肉のギョーザ

材料（24個分）

豚ひき肉	120g
エビ（無頭）	120g
ニラ	100g
モヤシ	100g
卵	2個

調味料

しょうゆ	大さじ1
ゴマ油	大さじ1
塩、コショウ	各適宜

ギョーザの皮	24枚
サラダ油	適宜
しょうゆ、酢、ラー油	各適宜

作り方

1. エビは殻をむき、細かくたたく。豚ひき肉も軽くたたく。ニラは、小口切りにする。モヤシは、ひげ根を取り、さっとゆでて冷まし、水気を切り、細かく刻む。
2. フライパンにサラダ油大さじ2を熱して、溶いた卵をふわりと焼く。皿に取り出し冷ます。
3. ボウルに豚ひき肉を入れ、粘りが出るまで混ぜる。調味料を加え混ぜ、エビ、卵、モヤシ、ニラを加えてざっくりと混ぜる。
4. ギョーザの皮に水をつけ、具を包む。
5. フライパンにサラダ油大さじ1を入れ、半量のギョーザを並べる。中火にかけ、熱湯1/2カップ（分量外）を加え、ふたをして5〜6分蒸し焼きにする。ふたを外して水分を飛ばし、きつね色になるまで焼き色を付ける。

レバニラ炒め

新鮮なレバーが必須
焼きすぎない、炒めすぎない

ニラとレバーは、互いに強いくせを持ちながらも相手の味わいを引き立て合う、まさに好敵手ともいえる食材です。レバーは表面をカリッと中はしっとりやわらかく焼き、そしてニラの方はシャキッと歯切れ良く炒める――。この火の通し加減が、両者の持ち味をうまく調和させたおいしさを生みます。

ニラを加えて炒めるときは、水気が付いた状態でフライパンに入れ、わき立つ蒸気を利用して一気に火を通します（このテクニックはさまざまな炒め物に生かせます）。炒めすぎるとニラがしんなりしすぎて、繊維質だけが残って歯切れも悪く、料理の味わいが落ちてしまいます。ちょうど良い炒め加減のタイミングは、かなりのピンポイントです。手際良さも大事で、フライパンの近くに素材も調味料も全部準備しておくことが基本です。

レバーの下味 ――厚く切り分け、中をしっとりと

厨房に用意された鶏レバー。そのつややかな鮮紅色は、見るからに鮮度の良さを感じさせる。「レバーは新鮮なものを使うことがとても大切ですから、鶏に詳しいお店で買うと良いでしょう。買ってきてすぐに調理しない場合は、素材から

染み出た水分をキッチンペーパーでふき取ってから冷蔵庫にしまい、鮮度を保つようにしましょう」。

土井先生はまず、鶏レバー（200g）を一つひとつ半分に切り分けていく。斜めに薄切りするのではなく、縦半分の厚みのある切り方だ。「レバーがころっと丸い方が、外側をカリッと焼いても中の方はしっとりとやわらかく仕上がります。もしレバーの風味が苦手という場合は、薄切りにすれば特有のくせは弱まります」。

切り分けたレバーを皿に載せ、しょうゆ（大さじ1）、コショウ（適宜）を加えて手で軽くもみ、下味を付ける。そして片栗粉（大さじ3）をまぶしておく。片栗粉は、レバーの表面を香ばしく焼き上げ、周りに調味料をからめさせるのが役割だ。

ニラの下ごしらえ

水気を残し、蒸し炒めに

ニラ（1束・100g）を食べやすい大きさに切る。土井先生は切ったニラをざるに入れ、水でさっと洗い流して水気を切る。ニラの表面には水気

が多少付いたままの状態。これは何のための手順だろうか……。「ニラは火の通りがとても早く、短時間で炒めた方がおいしい。こうして水気をまとわせてから熱いフライパンに入れると、蒸気がジュワーッと上がって一気に全体に火を通せるのです。その蒸気がないと、フライパンに張り付いたところだけがしんなりして、ニラを均一に炒めることができません」。

次にニンニク（1片）をみじん切りにする。ここでニンニクのみじん切りのポイント。ニンニクを皮の付いたままふきんに包んでまな板に置き、上からこぶし（すり棒などでも良い）でゴツンと押しつぶす。そうするとニンニクが崩れて香りが出やすく、皮も簡単にむける。

これを適当に切り分ければ、きめ細かく包丁を入れなくても程よくまばらなみじん切りになる。

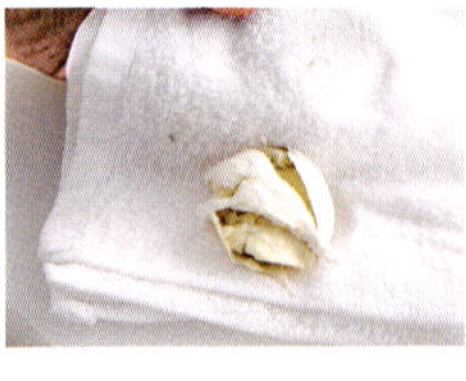

合わせ調味料

――「準備万端」がおいしさの基本

炒め始める前に必須の準備が、合わせ調味料だ。レバニラ炒めは調理時間が非常に短いので、途中で調味料を一つひとつ計量しながら加えていく余裕はない。しょうゆと砂糖（ともに大さじ2分の1）、酒（大さじ1）を一つの器に混ぜ合わせておく。

厨房の台の上には、下ごしらえした鶏レバーとニラ、みじん切りのニンニク、合わせ調味料、味を調える塩、フライパンとサラダ油が一式すべて並べられた。まさに準備万端！　こうしてからいよいよ炒め始める。

レバーを焼く

―片面はこんがり、もう片面は軽く

フライパンにサラダ油（大さじ2）とニンニクを加えて、中火にかける。油が温まってニンニクの香りが出たところで、レバーを入れて焼いていく。土井先生はここで鍋ぶたを手にし、フライパンの跳ねる油を遮る「盾」にした。「レバーを焼くと、バチッと熱い油が跳ねます。よくそれにびっくりしてしまいますが、『跳ねるのが当たり前』と考えて、このように盾で防ぎながら調理すれば、全く慌てることはないですよ」。

レバーを焼くときはかき混ぜたりせず、じっくり焼くことがポイントだ。「そのまま動かさず、下の面に香ばしい焼き色が付くまで焼きます。そうしてひっくり返したら、もう片面は軽めに焼くくらいがいい。両面ともしっかり焼くと中の方まで火が通りすぎて、レバーがボソボソした食感になってしまいます」。ひっくり返したレバーは表面がカリッと焼け、何とも香ばしいにおいが漂ってきて、見るからにおいしそうだ。

ニラを加え炒める

――おいしい炒め加減はピンポイント

レバーが焼けたところで、先ほどの水気の付いたニラをざっとフライパンに加える。入れたとたん、ジュワーッとたくさん蒸気がわき立った。この蒸気が、ニラを短時間で均一に加熱させる。ここですぐに、味の押さえとなる塩少々（小さじ3分の1程度）と合わせ調味料を加え、フライパンを何度かあおるようにしてざっくり混ぜ合わせる。

「はい、できました！」

――えっ、もう？　と思うくらい、ニラを加えてから30秒弱という素早さ。ニラはべちゃっとならず、一片一片にピンとした張りが残っている感じだ。「これでニラもちょうど良い炒め加減です。煮物や蒸し物なら時間が10分くらいずれても味に影響ありませんが、火が通りやすい野菜の炒め物は10秒オーバーしただけでしんなりしすぎたり、逆に短いと火の通りが甘くなってしまいます。一番おいしいタイミングは限られているので、それをとらえることがおいしさの決め手になります」。

盛り付けられたレバニラ炒めを口に運ぶと、ニラがシャキシャキッと実に歯切れ良く、程よい辛みも感じられる。レバーはこんがり香ばしい風味で、中はしっとりやわらか。そのまろやかさとニラの引き締まった味わいが好対照をなしなが

らまじわり、レバニラならではの力強い妙味が口の中に充満していく。ごく日常的なメニューでも、素材の持ち味をうまく引き立てるとこれほど格段においしくなるものかと、本当に驚きの一品だった。

「鮮度の良い鶏レバーはくさみがほとんどないため、特に〝血抜き〟をする必要はありませんし、そのままの方が栄養価も高い。でもレバーの風味がよほど苦手という場合は、牛乳に浸しておくといただきやすくなります。塩水に浸すやり方もありますが、牛乳の方がしっとりと仕上がります」

レシピ

レバニラ炒め

材料(4人分)

鶏レバー	200g
下味	
しょうゆ	大さじ1
コショウ	適宜
片栗粉	大さじ3
ニラ	1束(100g)
ニンニク	1片
サラダ油	大さじ2
塩	小さじ1/3

合わせ調味料

しょうゆ	大さじ1/2
砂糖	大さじ1/2
酒	大さじ1

作り方

1. 鶏レバーは、2つ切りにして、下味のしょうゆ、コショウをもみ込み、片栗粉をまぶす。合わせ調味料は合わせておく。
2. ニラは、食べやすく切って、さっと洗ってざるに上げておく。ニンニクはみじん切りにする。
3. フライパンにサラダ油、ニンニクを入れて中火で熱し、1のレバーを入れる。
4. 焼き色が付いたら、一度全体を大きく返して、ニラを加える。
5. 合わせ調味料を加えて、塩を入れ、鍋をあおって仕上げる。

ハンバーグ

生地は扱いにくいくらいやわらかに仕上げるのがポイント

レストランのハンバーグは、肉のかみ応えが残るよう、けっこう硬めのものが一般的ですが、ここで紹介するのは「日本の洋食」のハンバーグ。肉のうまみをしっかり閉じこめながらも、ふっくら優しい味わいで、白いご飯にとても相性良くなじみます。

調理で重要なのが、ハンバーグの生地の配合。ひき肉500gと玉ネギ300gに、牛乳でふやかした食パン、つなぎの溶き卵を加えて混ぜます。作ってみると分かりますが、まるで手の上でとろけそうな、非常にやわらかい生地です。

そして焼くときは、まず片面に焼き色を付けて返してから、ふたをして弱火でじっくりと蒸し焼きにしていきます。そうすることでハンバーグが硬く縮まらず、ふんわりやわらかく焼き上がります。

下ごしらえ　―玉ネギは、ぱらりと炒める

「ひき肉は、塊の肉よりも空気に当たる表面積が大きいため、鮮度が落ちやすい。なるべくひきたてのものを、買ってきたら早く使うことが大切です」。まず生地に使う素材の下ごしらえをする。食パン（6枚切り1枚）を耳ごと小さくちぎって

ボウルに入れ、牛乳（2分の1カップ）を注いでふやかす。「パンはハンバーグの口当たりをやわらかくしっとりさせる役割です。そのまま食べてもおいしいパンを使いましょう」。

次に玉ネギ（300g）をみじん切りにし、フライパンにサラダ油（大さじ1）を加えて炒める。「ここで玉ネギをジャージャーとかき混ぜながら炒めるのは、絶対にいけません。混ぜるとフライパンの温度が下がり、玉ネギから出てくる水分がうまく蒸発しなくなります。水気でじっとりした玉ネギをハンバーグの生地に混ぜると、その水気が肉の風味を損ねてしまうのです。玉ネギを火にかけたら、まず下の方に焼き色が付くまで静かに置いておき、それから全体をひっくり返して同じように焼く。これを何度か繰り返しながら、全体がしんなりして色付くまで火を通しましょう」。

しばらく炒めていくと、玉ネギはまんべんなくあめ色に染まり、小さな一片一片がぱらぱらと分かれて、甘く香ばしいにおいが立ち上ってきた。炒めた玉ネギは湯気がなくなるまでしっかり冷まし、余計な水分を飛ばしておく。

ハンバーグ生地

―生地の配合がおいしさの理由

「このハンバーグのおいしさの理由は、生地の配合にあります」。素材となる合いびき肉（500g）と、炒めた玉ネギ、牛乳でふやかしたパンを並べてみると、肉とそれ以外がほぼ等量という感じ。肉がたくさん入ればいいというわけではないようだ。

これらの素材をボウルに全部入れ、つなぎの溶き卵（1個分）、塩（小さじ1）、コショウとナツメグ（各適宜）を加えて、手で練り混ぜていく。生地を混ぜる土井先生の手の動きはけっこう素早い。「素材がしっかりなじみ、肉が粘って全体がまとまるまで混ぜてください」。やがて生地は、つかみ上げてもすぐ落ちないくらいしっかりと粘りが出る。

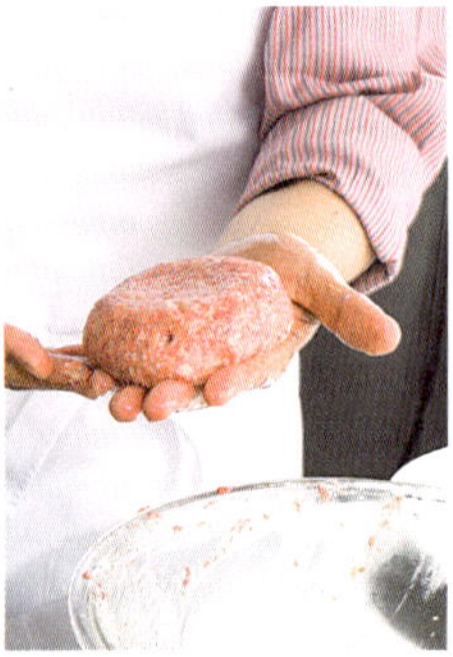

そして混ぜた生地を平らにならし、4等分にして、ここから丸く形成していく。まず大きめの皿にサラダ油を塗り、手のひらにも塗る。1個分の生地を手に載せ、もう片方の手をその上にもってきて、両手の間でキャッチボールするように生地を上下に動かす。リズム良く、パンパンパンと手のひらに軽く打ち付けるようにし

て生地の空気を抜き、同時に生地を少しずつ回転させながら楕円形にしていく。生地の感触はふるふるとして思った以上にやわらかい。「生地がやわらかくて扱いにくい方がむしろ良いのです。ここで扱いやすかったら、あまりおいしいハンバーグになりません」。

丸めた生地は、油を塗った皿の上にまとめて並べておく。

焼く ―じっくり蒸し焼き、ふっくらと仕上げる

いよいよハンバーグを焼く。4個を一度に焼く場合は、直径26cmのフライパンが必要だ。フライパンを中火弱の火にかけ、サラダ油（大さじ2）を敷いて熱する。やわらかい生地は、手に持ってフライパンに移すことができない。「こうして入れるんですよ」と、土井先生は生地を載せた皿をそのままフライパンの上に傾けた。皿に塗った油で生地がスーッと滑り落ち、フライパンの中にぴったりと収まる。

片面においしそうな焼き色が付いたらひっくり返す。生地にはまだ火が通っておらず、やわらかい状態のままだ。土井先生はフライ返しを使って、生地をフライパンの側面に沿わせながらゆっくり持ち上げて、ペタンと裏返す。けっこう慎重な作業だ。

全部を返したらフライパンにふたをして弱火に絞る。ここから7～8分蒸し焼きにして、中まで十分火を通していく。

「弱火で優しく蒸し焼きにすることで、ハンバーグが硬く縮まずに、ふんわりと焼き上がります。ハンバーグは、ステーキに比べて焦げるのがとても早い。火加減が強かったりちょっと長く焼いただけで、表面がガリガリに焼けてしまうので十分気を付けましょう」

この間に付け合わせも作っておく。今回、土井先生は玉ネギとシイタケの炒め物と、たっぷりのクレソンも用意した。付け合わせはあっさり味の方がいい。

フライパンのふたを取るとハンバーグがふっくらと膨れ上がり、色よく焼けた表面がはち切れそうに張っている。

土井先生はハンバーグに金串をしばらく刺してから引き抜き、ハンバーグの中心部に当たっていた部分に触れて温度を確かめた。「これで中までしっかり火が通っています。外側の見た目や感触では中の焼け具合が分からないので、このように確認すると良いです」。

ソース ―うまさが引き立つ風味良いソースを

焼き上がったハンバーグは、温めた皿に盛っておく。

そしてフライパンの余分な油を捨て、ソースを作る。まずケチャップ（150g）を炒め、そこにウスターソース（大さじ2）、赤ワイン（大さじ1）、練りがらし（大さじ1）を加えて混ぜながら火を通す。からしはハンバーグの味わいを引き締めるので、ぜひ加えるといい。

盛り付けられたハンバーグはけっこう大きめ。箸を入れると、すっと割れるやわらかな仕上がりだ。口に含むと、しっとり優しい食感とともに肉のうまみや玉ネギの甘みがにじみ出て、それをソースの深い風味が引き立てる。口当たりや味わいは、ご飯やみそ汁にもぴったりの相性だ。

レシピ

ハンバーグ

材料（4人分）

合いびき肉——500g
玉ネギ（みじん切り）——300g
食パン（6枚切り）——1枚
牛乳——1/2カップ
卵——1個
塩——小さじ1
コショウ——適宜
ナツメグ——適宜
サラダ油——適宜

作り方

1. 食パンをちぎってボウルに入れ、牛乳を加えて浸す。
2. フライパンにサラダ油大さじ1を熱し、玉ネギをしんなりと色付くまで炒め、皿に取り出し、冷ます。
3. ボウルに合いびき肉と1の食パン、2の玉ネギ、卵、塩、コショウ、ナツメグを入れて粘りが出るまで混ぜる。
4. 平らにならした生地を4等分にする。
5. 皿にサラダ油を塗り、手にも油を薄く塗り、生地を両手に打ち付けるようにして空気を抜き、楕円形にまとめていく。
6. フライパンにサラダ油大さじ2を熱し、生地を載せた皿を傾けて生地を滑り入れ、焼き色が付いたら裏返し、ふたをして弱火で7〜8分蒸し焼きにする。

ハンバーグソース

ケチャップ——150g
ウスターソース——大さじ2
赤ワイン——大さじ1
練りがらし——大さじ1

肉を焼いたフライパンに残った余分な油を捨て、ケチャップを炒め、ウスターソース、赤ワインを加えて混ぜ、練りがらしを加えて火を通す。

鶏の空揚げ

冷たい油から揚げ始めるのが「カリッとジューシー」の決め手

日本料理では、粉をまぶして揚げて天つゆなどでいただくものを「空揚げ」、しょうゆなどで下味を付けてから粉を付けて揚げたものを「竜田揚げ」と呼びます。揚げ上がりの色付きを、紅葉の名所・竜田川に見立ててそう名付けられました。一方、「鶏の空揚げ」は、一般的に中華風を取り入れた揚げ物といえます。

おいしく作るポイントは、まず下味を付ける際に、鶏肉に水分を補うこと。そして衣には、小麦粉と片栗粉の2種類を使うこと。うまみを逃さずにカラッと揚がります。さらに、驚かれるかもしれませんが、冷たい油に鶏肉を入れて揚げ始めます。こうすると、表面が香ばしく色付いたところで中まで火が通り、やわらかくジューシーに仕上がります。

下味 ――鶏は鮮度の良い骨付きがベスト

「空揚げに限らず、鶏肉は骨付きがおいしい。一番いいのは丸鶏をそのままぶつ切りにしたもので、鮮度がぜんぜん違いますし、いろいろな部位があると食べ応えも楽しい。通常はそこまでしなくても、鶏に詳しいお店で、骨付きのもも肉を空揚げの大きさに切ってもらうと良いでしょう」と土井先生は説明する。

まず、食べやすく切った骨付きの鶏もも肉（1本360g、2本）に下味を付ける。鶏肉の表面に染み出た水気をキッチンペーパーでふき取ってからボウルに入れ、しょうゆ（大さじ2）、塩（小さじ1）、酒（大さじ1）、おろしニンニク（1片分）を加えて手でもみ込んでいく。ここでのポイントは手を大きく広げ、全体をつかんで底から混ぜ返すようにもむこと。指先だけでつまむようにもむと下味が行き渡りにくく、また皮がはがれてしまったりする。

全体がなじんだところで、水（大さじ4）を加えさらにもみ込む。

「下味と一緒に、水分を鶏肉に吸い込ませるのです。揚げ油の中で加熱していくと鶏肉の水分がどんどん抜けてぱさついてきますが、あらかじめこうして水分を補っておけば、鶏肉がふっくらとジューシーに仕上がります」

衣——小麦粉と片栗粉の合わせ技で

「空揚げの衣には小麦粉を使う人と、片栗粉を使う人にたいてい分かれるでしょう。何が違うと思

いますか？」。確かに、粉の特性を知ったうえで使い分けている人は案外少ないかもしれない……。

「小麦粉は〝水に混ざりやすい〟性質です。小麦粉を溶いた衣は、素材をすき間なく包む壁のようになって、素材から染み出たうまみを外に逃さない役割をします。一方で片栗粉は、水で溶いてもすぐ沈殿するように〝水と混ざりにくい〟性質です。粉と水気とが分離するので、揚げたときは衣がカラッとします。ただし素材表面の水分ともなじまないため衣がはがれやすく、うまみを封じる役割は果たしません」

なるほど、見た目は似たような粉だが、その性質や役割はずいぶん違うことがよく分かった。

「衣には小麦粉と片栗粉の2種類を使います。両者の性質をそれぞれ生かした合わせ技で、鶏肉のうまみを閉じ込めながら衣の表面はカラッと香ばしく仕上げます。両方の粉を混ぜ合わせて付けても全く問題ありませんが、今回は最も丁寧な方法でやります」。まず土井先生は、下味を付けた鶏肉の上に小麦粉（大さじ4）を振りかけて全体にまぶす。

次に片栗粉（大さじ6）を皿に敷き、小麦粉の付いた鶏肉一つひとつの表面に、さらに片栗粉をまぶし付けていく。

ここでのポイントは片栗粉をたくさん付けすぎないことで、粉が多いと衣が厚

くガリガリになってしまう。

冷たい油に入れる

――冷たいまま揚げ始めていいんです

鶏肉に一通り衣をつけたら、いよいよ揚げ始める。土井先生は鶏の空揚げにフライパン（直径24〜26cm程度）を使う。通常の揚げ鍋よりも底の面積が広いため、より多くの鶏肉を並べて入れられるからだ。

フライパンに揚げ油を入れた後、土井先生は、早くもこの段階で油の中に鶏肉を入れ始めた。もちろん油はまだ冷たいままの状態。こんなやり方で本当に揚がるのだろうか……。

「驚くでしょう。こうして、冷たい油から揚げ始めていいんです。あとは12分ほど強火にかけるだけ。油の温度が徐々に上がる中で鶏肉に火が通っていくので、周りが焦げているのに中身は生という失敗はありません。そして火の通りも穏やかなので、鶏肉本来の風味を損なわずにおいしい空揚げになります」。鶏肉は重ならないように、フライパンに並べて入れる。油の量は、鶏肉の上の方が少し出ている程度で、全体が油の中につからなくても構わない。

揚げる

――揚げ色は濃いめに香ばしく

鶏肉をフライパンに入れたら、すぐに強火にかける。衣は白っぽい生のままで、まだ揚げ物という様子ではない。しばらくすると油の温度が上がり、衣から細かい泡がジュワーッと出てきた。箸で鶏肉を少し持ち上げ、下の方に揚げ色が付いていればひっくり返す。このとき、鶏肉同士がくっついていても引きはがそうとせず、一緒にまとめて返す。

「無理に引きはがすと衣が取れてしまいます。揚がったときには一個一個が自然にバラバラになるので大丈夫です」

やがて衣全体が見る見る色付いていき、こんがりした香りが立ってきた。途中でもし油が跳ねたら、温度が上がりすぎているので火加減を弱める。「香ばしい揚げ色がムラなく付いて、箸で触れた感触がカリカリッとしてきたら、『中までおいしく揚がった』という合図です。鶏の空揚げは、揚げ色が濃いめの方がおいしいですよ。小さいものから先に揚がるので、一つずつ取り出していきます。さあ、これで全部きれいに揚がりました！」。

出来上がった鶏の空揚げをほおばると、香ばしい衣の風味が口の中に広がる。中の鶏肉はホクホクとしたやわらかさで、かみしめるとジューシーな鶏肉のうまみがジュワッとにじみ出てくる。余計な飾り気のない、本来の空揚げならではの

レシピ

鶏の空揚げ

材料（4人分）

鶏骨付きもも肉――2本（1本360g）

下味

しょうゆ――大さじ2
塩――小さじ1
酒――大さじ1
ニンニク（すりおろし）――1片
水――大さじ4
小麦粉――大さじ4
片栗粉――大さじ6

揚げ油――適宜

作り方

1. 鶏骨付き肉は食べやすく切り（お店に頼むと良い）、下味のしょうゆ、塩、酒、ニンニクをよくもみ込み、全体がなじんだら水を加えてさらに大きくもみ込む。
2. 1に小麦粉をまぶした後、皿に広げた片栗粉を付ける。
3. 2を揚げ油に入れて強火にかけ、約12分揚げる。途中で肉の表面が固まってきたら肉の上下を返す。カラリと揚がったら引き上げる。

しっかりとしたおいしさで、骨の周りまで余すことなく味わい尽くしたくなる。
「本当にうまく揚がるでしょ。このやり方だと、揚げ油の温度をほとんど気にしなくても、火にかけているだけで揚がっていきますからね」。
言われてみれば、いつもなら土井先生はコンロのつまみに手を添えてこまめに火加減を調整しているのだが、今回は火加減を触らずに〝揚がるがままに任せる〟という感じだった。これなら確かに、誰が作っても調理のぶれはまず出ない。空揚げについての認識を、一新させられる思いがした。

スパゲティナポリタン

ケチャップは「焼いて」香ばしく
仕上げのバターも重要です

スパゲティナポリタンは、戦後の日本で作られた懐かしい味わいのお料理。まだ「アルデンテ」といった言葉も入ってきていない時代から親しまれてきたものですから、今のスパゲティの作り方のセオリーとはまた違います。

今回は、余計な趣向を加えて気取った味にはせず、「ナポリタンをナポリタンらしく、おいしく作る」ことが狙いです。

特に難しい点はありませんが、「仕上げにケチャップを加えて味付けする」という手順で作ると、食感がべちゃっとしてしまったり、味付けも濃くなりがちです。まず、きちんと計った調味料で素材を炒めておき、そこにスパゲティを加えてあえることがポイント。ケチャップにしっかり火を通すことで、色にも風味にも深みが出ます。食べてみると「これがちょうど良い味のナポリタンだ」と納得できるはずです。

下ごしらえ

——昔ながらの作り方が、いちばんおいしい

「素材はあくまでもシンプルに。麺はあらかじめゆでて油をからめておき、後でフライパンで炒め直す——」。この昔ながらの作り方が、ナポリタンらしい味わい

になります。この点は、通常のスパゲティの調理とは区別して考えなくてはいけません」

具として加える素材は、玉ネギ（300gを4㎜厚さの薄切り）、ハム（4枚・80gを短冊切り）、マッシュルーム（小120gを薄切り）。まさに定番のものだけを使った、本当にシンプルな内容だ。

スパゲティ（太さ1・7㎜、300g）は、たっぷりの湯に塩を加え、表示のゆで時間通りにゆでる。ゆで上がったらざるに上げ、麺がくっつかないようにサラダ油（大さじ2）をからめておく。

素材を炒める

混ぜすぎず、焼き色を付ける

次に素材を炒める。フライパンを火にかけ、熱くならないうちにサラダ油（大さじ1）と粗みじん切りしたニンニク（1片分）を入れる（熱くなってから加えるとニンニクがすぐに焦げてしまう）。ニンニクの香りが立ったら、玉ネギとマッシュルームを入れて炒める。

土井先生は、素材をジャージャーとかき混ぜたりせず、そのまま静かにじっくり焼いていく。そして素材の下側に香ばしい焼き色が付いたところで、フライパンを振って全体をひっくり返し、反対側にも焼き色を付けていく。

「火にかけながらかき混ぜすぎると、玉ネギがベタッとなって、おいしそうな焼き色も付きません。このように〝少量の油で焼く〟という感覚ですると、野菜をおいしく炒められます」

ケチャップを焼く

色にも風味にも深みを出す

野菜を炒めたところに軽く塩を振ってハムを入れ、そしてケチャップ（140g）とトマトピューレ（60g）を加える。「ケチャップだけだと味がやや重たくなってしまいます。トマトピューレを加えるのは、味わいを軽くあっさりめにするためです」。

ここから木べらで全体を混ぜ返しながら、さらに炒めていく。単にケチャップをなじませるのではなく、積極的に火を通しているという感じだ。「こうしてケ

チャップを焼いていくんです。ケチャップにしっかり火を通すと、風味に一層の深みが出ます。また色合いが渋くなって、見栄えが大人の料理としてもふさわしい一皿になります」。

しばらく炒めていくと、鮮やかな赤色だったフライパンの中身が褐色を帯び、甘酸っぱく香ばしいにおいが漂ってきた。

次にそこに、香り付けのための赤ワイン（大さじ3）を加え、水分を飛ばすようにさらに炒めていく。スパゲティを入れるよりも先に、ケチャップを加えて調理しておくことは、味付けを適度にするという目的もある。

「スパゲティを炒めてから、最後にケチャップを加えるという手順だと、ついつい味付けを濃くしすぎてしまうのです。きちんと計量した調味料をこうしてあらかじめ入れておけば、必ずちょうど良い味にできます。今の見た感じだとちょっと少ないように思えるかもしれませんが、出来上がって食べてみたら、『確かにこれより濃くても薄くても良くない、ちょうど良い味のナポリタンだ』と、きっと分かりますよ」

スパゲティを合わせる

—見栄え良くするには、高く盛り付ける

最後に、ゆでておいたスパゲティをフライパンに加える。そしてコショウとバ

ター（20g）、グリーンピース（60g）を入れ、全体をあえるように炒める。スパゲティがみるみるオレンジ色に染まっていき、見ているだけであのナポリタンならではの味が口の中にわき上がってくる感じだ。

「仕上げのバターはとても重要で、加えることでふくよかな風味をプラスします。焼いたケチャップの香ばしさと、バターの風味があってこそ、懐かしい味わいのナポリタンにできます。お店ではそれをよく焼いた鉄板の器に載せ、ジューと音を立てながら運ばれてきたものです。今回は具にハムを使いましたが、ソーセージの入ったナポリタンもありました。また今回は、青みにグリーンピースを使いましたが、ピーマンを入れても良いと思います」

盛り付けにもひと工夫。土井先生は、出来上がったナポリタンをトング（つかみ具）を使って引き上げ、そして皿の上にぐるりっとねじりながら下ろしていく。同時に皿を、もう片方の手で反対向けに回していく。そうするとスパゲティが高く盛り上がった状態で器の上に載る。何気なく平らに盛ったものよりも、この方

が格段においしそうな見栄えだ。

　食べるときは好みでパルメザンチーズを振っていただく。フォークにからめて口に運ぶと、深みのある甘酸っぱいケチャップの風味が、じんわりと口の中を満たしていく。少しもっちりしたスパゲティの食感も、かみしめるたびにナポリタンならではの懐かしい味わいを奏でる。「そうそう、これがまさに正真正銘のナポリタンだ」と思わずうなずいてしまうような、そんなおいしさにあふれる一皿だった。

レ シ ピ

スパゲティナポリタン

材料（3〜4人分）

スパゲティ（1.7mm）——300g
玉ネギ——300g
ハム——4枚（80g）
マッシュルーム（小）——120g
ニンニク——1片
グリーンピース——60g
ケチャップ——140g
トマトピューレ——60g
赤ワイン——大さじ3
サラダ油——適宜
塩、コショウ——適宜
バター——20g
パルメザンチーズ——適宜

作り方

1. 玉ネギは4mm厚さの薄切り。ハムは短冊切り。マッシュルームは薄切り。ニンニクはすりつぶして粗く刻む。
2. たっぷりの熱湯に塩を多めに入れ、スパゲティをゆでる。その後ざるに取り、サラダ油大さじ2をからめる。
3. 大きめのフライパンにサラダ油大さじ1、ニンニクを入れて香りを出し、玉ネギ、マッシュルームを加えて焼き色を付ける。軽く塩をしてハムを入れ、ケチャップ、トマトピューレを加えて焼き炒め、深い色と香ばしさを出し、赤ワインを加える。スパゲティを加えてからコショウ、バター、グリーンピースを加え、全体になじませる。

オムライス

チキンライスは炊飯器で家族全員分がいっぺんに作れます

日本でいうチキンライスとは、西洋料理の「チキンピラフ」のことです。今回のオムライスでは、中に入れるチキンライスを炊き込みで作ります。炒めて作ることが多いと思いますが、ご飯をフライパンで炒められる量は一度に3人分くらいが限度。でも炊き込みで作れば、5人以上の分でもまとめて手間なく作れます。そして炒めたよりもふわりと軽いので、とろりとした卵によくなじみます。調理のポイントは、米を炊く前に炒めてから、熱湯を加えた炊飯器で湯炊きにして、米の粘りを出さないようにすることです。

卵で包む方法にもコツがあります。フライ返しなどを使わずに、「引力」を利用して包む方法です。2つ3つ作れば必ず慣れますから、苦手と思っている人もぜひ挑戦してみてください。

下ごしらえ　――炊き込みで作れば具にバリエーションが

チキンライスは炒めて作るものと思い込んでいたが、土井先生はそれを「炊き込みご飯」として作る。いったい味わいにどのような違いが出るのだろうか……。

さらに用意された素材を見ると、実に具だくさんなことにも驚く。炊く前の米の

量に比べ、具の材料の方が明らかに多いほどだ。
「炊き込んで作れば、炒めるよりも多くの人数分をまとめて作れ、またたくさんの具を加えられることも利点です。例えば炒めて作るチャーハンの場合、卵やネギ、チャーシューなど水気が出ない具しか加えません。炊き込みご飯なら、いろいろな種類の食材を多めに入れることができるのです」と土井先生は説明する。
「もちろんこのチキンライスそのままでも一品になります。昔、デパートの食堂のお子様ランチにあった、カップ型に抜かれて旗の立ったチキンライスは懐かしいですよね。今回のチキンライスはケチャップではなくトマトピューレを使い、大人も子どももおいしくいただける味わいに仕立てます」。

まず米（2カップ）を研いでざるに上げ、そのまま30分から1時間程度置く。米粒が水分を吸収し、表面は乾いてパラッとした状態の「洗い米」にしておく。後で同じ量のお湯で炊くので、洗い米の量を計量カップで量っておこう。具の材料はそれぞれ切り分け、鶏もも肉には塩で下味を付ける（具の分量と切り方などはレシピ参照）。

炒める ―お米を炒め、粘りを出さない

次に、炊き込む前に材料を炒める。炒める手順はいくつかの段階に分かれる。まずフライパンにオリーブ油（大さじ2）とニンニクを加えて火にかけ、香りが立ったらまず玉ネギとニンジンを先に炒める。次に、玉ネギが透き通る程度になったところで、マッシュルームと鶏肉を入れる。

鶏肉の表面の色が全体的に変わったら塩（小さじ2分の1）、コショウを加え、そこに洗い米を入れて炒めていく。「お米が少し透き通るくらいまで火を通します。チキンライスは、米の粘りをあまり出したくありません。こうして炊く前に米を熱く炒めておくことで、粘りが出るのを抑えられるのです」。

最後にトマトピューレ（60g）を加えて混ぜながら炒め、全体がなじんだら火から下ろす。

炊き込む ―熱湯を加えた炊飯器で「湯炊き」する

ここからチキンライスを炊き込む。炒めた材料を炊飯器に移し入れ、そして「洗い米」と同量の熱湯を計量して注ぐ。塩（小さじ1・5）、コショウ、ローリエ（1〜2枚）を加えたら、あとは普通に炊くだけだ。「熱湯から『湯炊き』にするの

は、米を炒めるのと同じく、粘りを出にくくするためです」。
炊飯器からは、湯気とともにチキンやトマト、そしてローリエのさわやかな香りが漂ってくる。炊き上がったところで炊飯器のふたを開けると、おいしそうな淡い赤茶色に染まったチキンライスが出来上がっている。混ぜ返すと、確かに普通に炊いたご飯より粘りが少なく、油も抑えられて比較的サラッとした印象だ。

卵で包む

―「引力」を使ってくるみ込む

あとは薄焼き卵を焼いて、チキンライスを載せて包むだけだ。卵（オムライス1つあたり2個）を溶き、箸の先にちょっと塩を付けて混ぜる。フライパンにサラダ油とバターを入れ、バターがフワーっと煮立って香ばしい香りが立ったところで、卵を流し入れて薄く広げる。

ここからちょっとコツのいる作業だ。「チキンライスを載せるタイミングは、卵の固まり具合で見ます。フライパンに接する面が焼けて固まり、上の方はとろりと半熟になったときが良いタイミングです。ここで火から外してチキンライス（茶碗1杯）を載せます。上の方がまだ生の液体の状態では早すぎで、穴があいてしまいます。そしてチキンライスを載せるときは、奥から手前の『縦長』の形に盛ります。中央を厚めに、端の方は薄めに、要はオムライスの形にするわけです。

ここでもう一度軽く火にかけ、フライパンをゆすって卵全体が動くのを確かめてください。こうしてから包みます。いきますよ！」。

土井先生は皿を手に取るや、その上にフライパンをさっと傾けた。次の瞬間、皿の上には形良く包まれたオムライスが盛り付けられている。フライ返しなどの器具も使わない……。この手順を詳しく見てみると次の通りだ。

❶まず左手に皿、右手にフライパンを持つ。皿をフライパンの縁に添え、少し傾けて受け構えるようにする。

❷フライパンをゆっくり皿の方に傾けていく。チキンライスの載った卵が滑りながら、皿の方へと移動していく。

❸卵の端が皿に載ったところで、フライパンをクルッと返すように大きく傾ける――。そうすると薄焼き卵が丸まりながら皿の上に滑り落ち、チキンライスをきれいにくるみ込む。

「こうして『引力』を利用するようにして包むのです。あわてずに落ち着いてやれば、とても簡単ですよ。ただ、ためらって時間をかけると、フライパンの温度が下がって油が粘り、卵が滑りにくくなってしまいます。手早くさっと返すのがポイントです」

盛り付けたオムライスにケチャップをかけると、「これぞオムライスの王道」ともいえる風情。口に運ぶと、いつも食べているものより実にあっさりとした味

わいだ。それだけにチキンのうまみが引き立ち、トマトピューレの風味、卵のまろやかなおいしさと品良く混じり合う。チキンの味はしっかり、しかし食べ飽きることのない、味わいに満ちた一品だった。

レシピ

炊き込みチキンライス

材料(4人分)

米――2カップ
鶏もも肉――1枚(230g)
玉ネギ――1/2個(120g)
ニンジン――1/4本(60g)
マッシュルーム――100g
ニンニク――1片
トマトピューレ――60g
塩――小さじ2
コショウ――適宜
熱湯――洗い米と同じ分量
オリーブ油――大さじ2
ローリエ――1～2枚

作り方

1. 米は洗ってざるに上げ30分～1時間置いて洗い米とする。
2. 鶏もも肉は、小さめのさいの目に切り、下味に塩小さじ1/2をしておく。玉ネギ、ニンジンは小さめのあられ切り、マッシュルームは2～3mmの薄切り、ニンニクはみじん切りにする。
3. フライパンにオリーブ油大さじ2を温めて、ニンニクを入れて香りを出す。玉ネギ、ニンジンを加えて炒め、玉ネギが透き通る程度になったら、マッシュルーム、鶏肉を加えて全体に色が変わるまでさばき炒め、塩、コショウを振る。
4. 洗い米を入れて炒め、米に油がなじんだらトマトピューレを加えて、さらに全体に味がなじむまで炒める。
5. 4を炊飯器に移し入れ、熱湯を加えて、塩小さじ1.5、コショウで味付けし、ローリエを入れて、普通に炊き上げる。

レシピ

オムライス

材料(1人分)

チキンライス――茶碗1杯
卵――2個
塩――適宜
バター、サラダ油――適宜
ケチャップ――適宜

作り方

1. 卵は2個ずつ溶き、塩を少し入れて溶く。
2. 熱したフライパンにサラダ油とバターをなじませ、バターが溶けて焦げ始めたら卵を流し、チキンライスを真ん中に縦長の形に入れて、皿を添えて包み込む。
3. ケチャップを添える。

豚の角煮

おいしさのためには
じっくり待つことも必要です

三枚肉の塊から作る角煮は、豚肉全体のおいしさを堪能できるごちそうです。時間をかけてゆっくり煮ることで、余分な脂が抜けてふわふわのコラーゲン質が残り、そのとろりとした味わいがコク深い肉のうまみと一体となって調和します。

調理の際は、肉がパサパサにならないよう、穏やかにゆでるのがポイント。火加減とゆで時間さえ守れば、肉のしっとりした食感を残しながらも、箸がすっと通るやわらかさに仕上がります。

そして下ゆで後に冷ます過程も不可欠ですから、じっくり構えて調理してください。

下ゆで　──煮立てない火加減で、ゆっくりゆでる

「角煮はお肉の味がストレートに出るお料理ですので、豚肉そのものの良さが大事です。角煮にしたいと言えば『これ』と言って出してくれる、豚肉に詳しいお肉屋さんで求められるといいでしょう」

土井先生が用意したのは約1kgの皮付き三枚肉（できれば皮付きが良いが、皮のないものも調理法は全く同じ）。三枚肉は「ばら」と呼ばれる部位で、その断面は赤身と

白い脂肪とが交互に重なって層を描いている。
まず三枚肉を塊のまま下ゆでする。大きめの鍋（直径25cm程度）に肉全体がゆったりつかるくらいの水を張って火にかけ、煮立つ前におから1パック（200g）を湯に混ぜてから豚肉を入れる。「おからには、肉をしっとりやわらかくゆで上げる効果があります。このおからも後で布ごしすれば、すごくなめらかな味わいですよ」。

ゆで汁が軽く沸騰したら火を弱めて表面のあくをすくい取り、落としぶたをして豚肉が浮き上がらないようにする。

「ここから、1時間から1時間半ゆでます。重要なのは、100℃に満たない温度で沸騰させずにゆっくりと素材に火を通していくこと。ふだん作る角煮が硬くてパサパサになってしまうとすれば、それは高い温度で急いで作っているからです。豚肉が見るからに気持ちよさそうに湯につかっているような火加減を保てば、うまみを逃さずにやわらかくゆで上がります」

土井先生は、こうして時間をかけて湯気を立た

せることが大切だと説明する。「ゆでるときに出る湯気は、実はいろいろな成分を含んでいます。これによって、素材の雑味なども一緒に飛ばしているのです。音楽を聴いたり読書をしながら、穏やかに湯気を上らせてゆっくり作ってください」。

冷ます

——じっくり待つのも、お料理のうち

箸が肉にすっと刺さるくらいのやわらかさになったら、火を止めて煮汁につけたまま冷ます。この〝ゆっくり冷ます〟ことが、風味豊かな角煮を作るために「省略できない大事な手順」と土井先生は強調する。

「最低でもゆで時間と同じ1時間半くらい、そのまま一晩置いても結構です。こうして時間をかけて冷ますことで、ゆで汁の中に出ていったうまみを再び肉に戻して含ませるのです。何もしないで待つのも、お料理のうちです」

切る

——きちんと真四角にそろえて切る

十分に冷めたゆで汁の表面は、固まった純白の脂肪が覆っている。豚肉を鍋から取り出し、付いたおからをさっと水洗いして落とす。

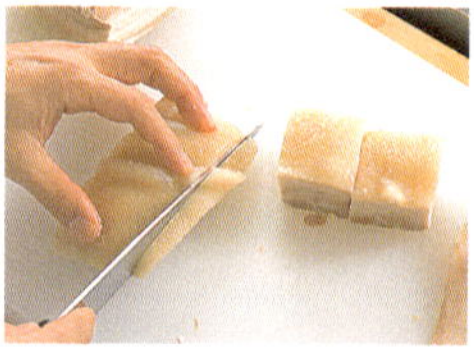

まな板に豚肉を置き、土井先生は何度も形を確かめながら4㎝角にていねいに切り分けていく。「豚の角煮は、もともとお祝いの料理です。特別なごちそうですから、几帳面に大きさをそろえて、角がきちっと90度の正方形に切りましょう」。

形の整った豚肉は、もうこの段階で美しく完成した一品の料理といえる見栄えだ。豚肉の断面は淡いピンク色で、そのしっとりとした色合いを見ると、肉の内側には本当に穏やかに熱が加わっていたことが分かる。

味を煮含める

—蒸し器を使い、優しく火を通す

「下ゆでして切り分けた豚肉を、最後にだし汁で煮て味を含めていきます。このとき強く加熱したり、煮汁が煮詰まってしまうと、おいしい角煮になりません。そこでだし汁を張ったボウルに素材を入れて、蒸し器を使って加熱します。そうすると時間をかけて煮ても、だし汁の濃さが変わることなく、素材に穏やかに火を通すことができるのです」

まず二番だし（P75参照、3カップ）と酒（4分の3カップ）、砂糖（大さじ6）を鍋でひと煮立ちさせる。ボウルに切った豚肉を入れてだし汁を注ぎ、ボウルごと蒸し器の中に入れて強火で20分間蒸す。蒸し器の横でもやかんにお湯を沸かしておき、

蒸し器の湯が少なくなったら補充できるようにする。

20分たったら、たまりじょうゆ（大さじ4）、しょうゆ（大さじ1）、塩（小さじ2分の1）を加える。「酒・砂糖を先に入れて蒸すのは、甘みを利かせるため。濃いたまりじょうゆは色付け、しょうゆと塩は味を引き締めるためで、それぞれに役目があります」。調味料を全部加えたら、さらに40分間蒸す（合計の蒸し時間は約1時間）。

蒸し器がシュンシュンと音を立てて湯気を上らせ、煮汁の香りが辺りに漂っていく。

「そろそろいいでしょう。出来上がりの時間です」。蒸し器のふたを取ると、わっと蒸気が立ち上る。きれいに澄んだ煮汁には細かな油滴が浮かび、豚肉が美しいあめ色に染まっていた。

その姿形は「角煮」の名の通り、きちっと切りそろえられた四角形のままだ。食べ応えある肉料理としてのボリューム感とともに、まるで和菓子のような繊細な印象を放っていた。

「豚の角煮は、煮含める調味料によってさまざまなバリエーションがあります。泡盛を入れれば沖縄料理のラフテーに、老酒と香辛料の八角を加えれば中華料理の角煮になります。まずゆっくり下ゆでしてから冷まし、そして味を煮含めるという手順を覚えておけば、お好みの味付けを楽しめます。またこのお料理は無駄になるものがありません。下ゆでした汁をこせば、ラーメンのスープなどに使えます。冷えて固まった脂は上質のラードで、炒め物に最適です。ゆっくり作る一品が、食卓の楽しみを広げてくれますよ」

レシピ

豚の角煮

材料

豚ばら肉（塊）――約1kg
おから――1パック（200g）
水――適宜

煮汁

二番だし――3カップ
酒――3/4カップ
砂糖――大さじ6
たまりじょうゆ――大さじ4
しょうゆ――大さじ1
塩――小さじ1/2

練りがらし――適宜
ホウレン草（色よくゆでて水に取り、食べやすく切ったもの）――1束

作り方

1. 大きめの鍋に水、おから、豚肉を入れて火にかける。煮立ったら落としぶたをして1時間～1時間半ほどゆでて火を止め、煮汁につけたまま冷ます。
2. 真四角（4cm角）に豚肉を切り、ボウルに入れ、煮汁の二番だし、酒、砂糖を鍋に入れてひと煮したものを注ぐ。
3. ボウルごと蒸し器に入れ、強火で20分蒸す。煮汁の調味料のたまりじょうゆ、しょうゆ、塩を入れ、さらに強火で30分～1時間蒸す。
4. ホウレン草を煮汁で温め、角煮に添えてすすめる。

メモ

ゆでてから切ることで形がそろいます。蒸し器で蒸すのは、これくらい少量であっても煮詰まることなく、煮崩れせずにうまくできるからです。煮汁とともにいただきます。

茶碗蒸し

ふたを「切り」、穏やかな火加減でじっくり蒸していく

茶碗蒸しは調理に特別な工程があるわけではなく、誰にでも作りやすいお料理です。ところが、家庭で失敗なく作るのは難しいと考えている人が意外と多いようです。その理由は、「すが入るかどうか」だけを成否のポイントのようにとらえているからでしょう。すが入らないようにするには温度の加減に注意が必要ですが、すが入ったら失敗というわけでは決してありません。この点はぜひ食べる人も「きょうの茶碗蒸しは、すが入っている!」なんて指摘するように言わずに、「すが入ることもある」とおおらかに考えてください。そうすれば家庭で茶碗蒸しを作ることが、もっと気軽でやさしくなるはずです。

つるんとした口当たりに仕上げるには、穏やかな蒸気で蒸すことが大事です。また茶碗の厚さや蒸し器の中の位置などによって、途中の固まり方にばらつきが出ることもあります。そのようなときの対処も今回紹介します。

下ごしらえ ――蒸し物だからこそ旬の素材を使う

「茶碗蒸しは具だくさんのものから、1種類の具だけを入れたものまで幅広いバリエーションがあります。蒸し器を使った調理は熱の当たり方がとても優しく、

素材の持ち味をそのまま生かせることが大きな特色。ぜひ旬の鮮度の良い素材を使ってください」。今回の茶碗蒸しは基本的な具材として、鶏もも肉、エビ、干しシイタケ、かまぼこ、ユリ根、ギンナン、三つ葉を使った。

まずは、殻の付いたギンナンの下ごしらえから。硬い板の上にギンナンを縦に置き、上から金槌で軽くコンコンとたたく。殻に割れ目が付いたら、指で殻を外していく。次に鍋に少量の湯を沸かしてギンナンを入れ、そして箸の先に重曹をちょっと付けて湯に溶く（重曹を加えると薄皮がやわらかくなってむけやすくなる。ベーキングパウダーでも良い）。そして土井先生は、湯に浸ったギンナンの上に網じゃくしの底をあてがい、ぐるぐるとかき回すようにこすっていく。こうすると薄皮がはがれていき、鮮やかな翡翠《ひすい》色の実が出てきた。2分ほどゆでたら、水に取って残った薄皮をきれいにむく。

ユリ根は一片一片を外し、表面に黒ずんだ部分があれば包丁で薄くそぎ取る。そして薄い塩水を入れた鍋で、さっと固ゆでにする（ほかの素材は特別な手順はないので、分量と下ごしらえはレシピを参照）。

卵液

卵は泡立てずに溶く

「昔の茶碗蒸しは卵を多めに入れたものですが、今は口当たりがつるんとやわらかいものが好まれます。卵とだし汁の割合は、1対3が基本です」。卵2個を割って計量し、その3倍の量のだし汁を用意する。そしてだし汁に塩と薄口しょうゆ（ともに小さじ2分の1）を加えておく。

「卵はよく溶いてください。ただし泡立たないように、箸を左右に動かして切るように溶きます。箸を上下にかき回すように溶くと、中にたくさんの泡が混じってしまいます」。溶いた卵をだし汁に合わせ、それをざるでこす。そうしてから、ここで味見をしておく。スプーンで少量の卵液を口に含むと、だしの豊かな風味が舌の上に広がった。「この段階で味が良ければ、確実においしい茶碗蒸しができます。何も難しいハードルはないでしょ」。

次に具を茶碗に入れて、上から卵液を注ぐ。具を入れる順番は特に気にすることはないが、「エビは上の方に置いて、できれば身や尾が少し出るようにすれば、出来上がったときの見栄えもいい。また三つ葉は、葉が卵液に浸るように入れます。そうすると加熱してもきれいな緑が残ります」。

蒸し始め

―蒸す温度は湯気の立ち方で判断する

いよいよここから蒸し始める。沸かしておいた蒸し器の中に、準備した茶碗を並べる。「最初の30秒くらいは、蒸し器のふたをして強火で蒸します。まずこうして中に蒸気をこもらせ、茶碗を温めるのです」。

次に土井先生は火加減を強火弱くらいに絞り、蒸し器の四角いふたをずらして置いた（大きなすき間が開くようにふたを置くことを「ふたを切る」という）。「茶碗蒸しは弱い火でじっくり蒸した方が、やわらかく仕上がります。こうしてふたを切ることで、蒸気を逃しながら穏やかに加熱していくのです。温度の加減は、蒸し器からの湯気の立ち方で判断します。ほら、ふたのすき間から穏やかな湯気がふわーっと立ち上っているでしょ。この状態がちょうど良い加減です。湯気がしゅうしゅうと勢い良く出るのは温度が高すぎで、すが入りやすく口当たりも硬くなります。逆に湯気があまり出ないのは温度が低すぎで、いつまでも固まりません。湯気を見ながら、ふたの切り方で温度を調整します」。

蒸し上がり

―早く固めようと火を強めないように

15分ほど蒸したところで、土井先生はふたのすき間から中の様子を覗《のぞ》き、蒸し

器の周りをコンコンと軽くたたいて茶碗蒸しの表面を振るわせ、固まり具合を確かめる。今回の調理では、厚さが異なる2種類の茶碗を一緒に使った。するとこの時点で、薄手の茶碗の方は中がすでに固まっているのに、厚手の方はまだ液体のままという状況になっていた……。

「なかなか微妙なものでしょ。器の厚さだけでなく、ふたの切り方や火の当たる位置などによっても蒸し器の中の温度にムラができ、固まり方にばらつきが出ることがあります。ここで早く固めようと火を強めてはいけません。火加減を絞り、蒸し時間を長めにして全体が固まるようにします。弱い火ならば、30分くらいそのままでも大丈夫。早く固まったものを保温しながら、全部が固まるまでゆっくり火を通していくという感覚です」

こうしてしばらく蒸した後、土井先生は蒸し器のふたを取り、茶碗蒸しの表面に竹串を少し刺した。

「竹串を刺した穴に澄んだ煮汁がにじんでいれば、きちんと火が通っています（ここで不透明な卵液が出てくれば蒸し足りない）。これで良いでしょう。出来上がりです！」

さらに土井先生は、ちょっとした工夫を教えてくれた。「茶碗蒸しの上にしょうゆあんをかければ、多少すが入った場合も気にならなくなります。味付けもしっかりするので、若い人などにとってはよりおいしいかもしれませんね」（しょう

ゆあんの材料はレシピを参照）。

出来上がった茶碗蒸しは、エビの赤みや三つ葉の緑がおいしそうに映える。あんをかけた茶碗蒸しの方も、いつもと趣が違って見た目にちょっとしゃれた印象だ。口に運ぶと、とろけるようななめらかな食感と豊かなだしのうまみが口の中を満たしていく。さじですくうごとに色とりどりの具が現れ、目と舌とを飽きることなく楽しませてくれる。

やわらかく優しい味わいが心までも癒やしてくれる茶碗蒸しだった。

レシピ

茶碗蒸し

材料（4人分）

卵液

- 卵――――2個
- だし汁――卵の量の3倍（約300～400cc）
- 塩――――小さじ1/2
- 薄口しょうゆ――小さじ1/2

具

- 鶏もも肉――――50g
- エビ――――4匹
- 干しシイタケ（戻す）――――2cmほどの小4個
- ユリ根――――1/2個
- かまぼこ――――4枚
- ギンナン――――8個
- 三つ葉――――3～4本
- 塩――――適量

作り方

1. **具の下準備をする**：鶏肉を薄切りにする。エビは尾を残して殻をむく。干しシイタケは石づきを取り、食べやすく切る。ユリ根は固ゆでにする。かまぼこは食べやすく切る。三つ葉は2cmの長さに切る。
2. **卵液を作る**：溶き卵に塩と薄口しょうゆを加えただし汁を合わせる。
3. 器に具を入れ、卵液を注ぐ。

蒸し方

1. 蒸し器の中段に蒸し茶碗を置き、いったんふたをし、30秒ほど強火で蒸気を十分にこもらせた後、ふたを切る（ふたを切る：ふたをずらして隅を大きく開けること）。
2. ふたをずらして蒸気を逃しながら強火（強火弱）で15分ほど蒸す。
3. 竹串を刺してみて、煮汁が透明であれば良い。

しょうゆあん

- だし汁――――1カップ
- しょうゆ――――大さじ2
- 片栗粉（同量の水で溶く）――――大さじ2

Part 2

春から夏の定番料理

若竹煮

筍の風味を損なわないようあく抜きはほどほどに

天に向かってまっすぐ伸びていく春の筍は、その成長が目に見えるほどの勢いがあります。生き生きとした筍で作る若竹煮は、まさに季節そのものを食べる料理。それをいただくことで、われわれ自身も生き返るような気持ちになります。

成長の速い筍は見事に白くてやわらかく、分厚く切っても箸で割れるほどです。それだけに鮮度が落ちてしまうのも早く、時間がたつにつれて味にえぐみが増してきます。調理のポイントは、えぐみのもととなるあくをうまく抜くこと。そしてだし汁で煮た後にいったん冷まし、味をしっかり含ませることです。また、ワカメも丁寧に筋を取ってきれいに切りそろえてください。やわらかくてみずみずしい香りの筍と、しこしこしたワカメが相性良くお互いを引き立て合い、春の息吹を口いっぱいに広げてくれます。

下ゆで ―素材の芯までしっかり熱を通す

厨房に置かれた丸々とした筍が、豊かな春の気配を漂わせている。「春が来て筍に触れると、お料理のうれしさを感じますよね」と土井先生は言う。

まず、筍（2〜3本・500g）を皮ごと下ゆでする。皮に付いた土を洗い流し、

外皮を2～3枚むく。大きな鍋に筍がゆったりつかるくらい水を張り、米ぬか（1カップ）と赤トウガラシ（3～4本）を加えて湯がいていく。米ぬかはあくを抑え、また沸点を高めて素材への熱の通りを良くする。赤トウガラシもあくを抑える働きがある。

「煮え始めからしばらくたって、お湯全体が沸き立って対流するようになれば、素材の中まで十分温度が上がった証拠。ここから落としぶたをして1時間ゆでます」。ぬかの入ったお湯は熱く冷めにくいので、湯が跳ねてやけどをしないよう注意する。下ゆでが終わったら鍋に入れたまま冷めるまで置く。

皮をむく

—あまりむきすぎず、自然な形に

ゆで上がった筍の皮をむき、先端と根元の硬いところを切り落とす。筍のみずみずしい香りが漂い、つややかな乳白色の肌が出てきた。「白くてやわらかい姫皮は食べられます。あまりむきすぎない方が筍らしい自然な形に仕上がります。どの部分まで取り除くかは、指や包丁で触れたときの

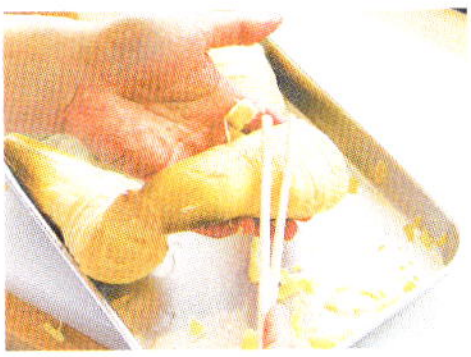

硬さやざらつきで判断しましょう」。最後に割り箸で余分な皮をこそげ取る。落とした姫皮はしょうゆ煮などにするとおいしくいただける。

あく抜き　―ただし風味を逃さぬようほどほどに

次に皮をむいた筍を、ボウルに張った水につけてあく抜きする。「新鮮な筍なら、30分くらいで良いでしょう。長くつけるほどあくが抜けますが、ほのかに苦みを残す方が春野菜らしい風味を味わえます」。

あく抜きした筍を保存する場合は、水につけて冷蔵庫に入れる。水がにごれば傷み始めるのが分かるので、すぐに水を入れ替える。常温の水道水を入れると素材が温まって傷みが早まってしまうため、必ず氷水を使うようにする。

ワカメ　―筋もきれいに取ってより美しく

筍との絶妙の相性を持つのが、同じく春が旬のワカメ。土井先生は塩漬けのワカメ（80g）を水で軽く戻し、まな板の上に広げ筋を取り、丁寧に四角く切りそろえていく。

「ふだんのおみそ汁では不要ですが、やはり若竹煮というここ一番のお料理では、

ワカメの筋もきれいに取ってより美しくすると良いでしょう」

二番だし ―沸騰させ、すっきり澄ませる

筍に味を煮含める二番だしを作る。

「一番だしはお吸い物専用のおだしで、二番だしはおみそ汁や煮物など全般に使える濃いおだしのことです。一番が良いという意味ではありません」と土井先生は説明する。

鍋に水とカツオ節、昆布を入れて、中火弱の火にかけてゆっくり加熱していく。沸騰が始まったら、表面のあくをすくい取りながら3分ほどしっかり煮立てる。

「ほら、おだしがきれいに透き通っているでしょ。沸騰させてあくを浮かび上がらせ、すっきり澄ませるのがおいしい二番だしのとり方です。一方、一番だしは昆布もカツオ節も決して煮立てることはなく、澄んだ上澄みだけを丁寧にとったものです」。最後に、できただしを布ごしする。

煮含める ―冷ますことが欠かせぬ手順

筍を1㎝厚さの輪切りにし、穂先は縦に2～4つに切り分ける。鍋に切った筍

を並べ、酒（2分の1カップ）、二番だし（5カップ）の順に入れて強火にかける。煮立ったら表面に浮かんだあくをすくい取り、みりん（大さじ2）、塩（小さじ1）を加えて味付けする。そして落としぶたをして中火で20分煮る。「筍は煮崩れするものではないので、さーっと強い火で煮ていきます。この、煮汁の全体がきれいに対流するように、おいしそうに煮える雰囲気を作ることが大切です。うまく煮上がった煮物の汁は見事に澄みます」。

20分煮ると、煮汁が半分くらいの量になった。通常のレシピなら煮終わったら出来上がりとなっているが、土井先生は「それだけでは本当においしい若竹煮はできない」と言う。

「火を止めたら、そのままいったん冷ましてください。冷ましている間に、素材の中まで味をしっかり含ませるのです。この何もしないで冷ますことが、『含め煮』というお料理に欠かすことのできない手順なのです」

十分に冷めたら、再び温め直す。ここで急いで強火にかけると鍋底が焦げて風味が落ちてしまうので、ゆっくりと加熱していくことが大切。1〜2分煮立てたあと、ワカメを加えてさっとひと煮立てすれば出来上がりだ。

「旬の筍は、極端に言うと味付けを忘れてもいいくらい特有の豊かな風味があります。あまり手を加えず、自然にお任せという気持ちで作っても良いでしょう。

筍料理の要点は、あくやえぐみをどう扱うかです。今回はあく抜きの時間を短くしましたが、料理屋では2〜3時間下ゆでしてからまる一日かけてあく抜きをすることもあります。そうすると筍自体の風味もほとんど抜けてしまいますが、おだしをしっかり含ませ、おだしのおいしさとやわらかさを味わうというお料理に仕立てるのです。同じメニューでも、自分がどんなお料理を作りたいかという狙いによって、素材の扱いや考え方も全く違ってくるわけです」

レシピ

若竹煮

材料（4人分）
筍（ゆでたもの）————500g
ワカメ（戻したもの）————80g
煮汁
　二番だし————5カップ
　酒————1/2カップ
　塩————小さじ1
　みりん————大さじ2
木の芽————適宜

作り方
1. 筍は根元の太い所は1〜1.5cm厚さの輪切りにし、穂先は縦2〜4つに切る。
2. ワカメは硬い筋を取り、食べやすい大きさに切る。
3. 鍋に筍と酒、二番だしを入れて強火にかけ、煮立ったら塩、みりんを加え落としぶたをして中火で煮汁が半量になるまで20分ほど煮る。
4. 3をいったん冷まし、再び1〜2分煮てワカメを加える。

レシピ

筍のゆで方

材料
筍————2〜3本
米ぬか————1カップ
赤トウガラシ————3〜4本

作り方
1. 筍の土を洗う。
2. 包丁で硬い根元を削る。
3. 大きいものは穂先を切る（まっすぐ）。小さいものはそのままでもよい
4. 大鍋を火にかけ湯を沸かし、下準備のできた筍を入れる。米ぬか、トウガラシを入れて、落としぶたをして、1時間ほどゆでる。
5. ゆで上がったら火を止め、ある程度冷めるまでそのまま置く。

下処理
皮をむき、割り箸でこそげてきれいにする。
とり置くときは、筍を水にさらし、あくが出ないように水に浸したまま冷蔵庫に。

手巻き寿司

寿司飯を炊くときは、洗い米の量より「1割引きの水加減」と心得る

もともと寿司は、塩漬けした魚をご飯と一緒に漬け込んで自然発酵させた「なれずし」などが起源。ご飯に酢を混ぜた寿司飯を使うようになったのは、江戸時代に入ってからといわれます。

手巻き寿司は、いろいろと並んだ具が見た目にとても華やかで、そして好みの具を取り合わせて自分で包む面白さも加わり、にぎやかに楽しみながら味わえる家庭のごちそうです。味の決め手となるのが、寿司飯そのもののおいしさ。ご飯を炊くときの水加減、そして寿司酢と合わせながら冷ますときの基本をきちんと踏まえれば、味わい豊かで舌触りの良い寿司飯ができます。

寿司飯のご飯を、昆布だしやみりんを入れて炊く方法もありますが、今回は水だけで炊き上げます。手を加えてうまみを付け足すのではなく、さっぱり軽やかな酢の香りと、お米本来のおいしさを引き立てることが、今回の寿司飯作りの狙いです。

ご飯の水加減

―洗い米の「1割引きの水加減」

寿司の味わいは、新鮮な具のうまみもさることながら、口の中ではらりと崩れ

て一粒一粒が具になじんでいく寿司飯のおいしさ。粘りや風味がしつこくなく、洗練された味わいの寿司飯をどのように作れば良いか……。

まず米（3カップ）を水で研いでからざるに上げ、そのまま30分から1時間置いて米粒に水気を吸収させる。「こうして水分を含ませたお米を『洗い米』といい、これをきちんと作ることがおいしいご飯を炊くための一番のポイントです」と土井先生は説明する。

できた洗い米は正確に計量する。もともと3カップだった米は、水分を吸って2～3割ほどかさが増えている。「普通のご飯は洗い米と『同量の水加減』で炊くのが基本です。ただし、寿司飯の場合は、洗い米の量より『1割引きの水加減』と覚えてください。後で酢の水分が加わるので、その分を差し引いて硬めに炊き上げるわけです。あらかじめ水加減を抑えておかないと、酢の水分が加わるとべちゃべちゃした寿司飯になってしまいます」。

洗い米と水とを正確に計量して、炊飯器に入れて炊く。

寿司酢 ―酢の風味を逃さずに守る

次に寿司酢を作る。「酢は銘柄によって、酸味や風味にさまざまな違いがあります。好みのおいしさのものを見つけて使うと良いでしょう」。鍋に米酢（2分の1カップ）、砂糖（大さじ5）と塩（大さじ1）を入れて弱火にかけ、混ぜながら溶かしていく。

「ここで注意すべきは、酢を決して沸騰させないこと。煮立てると、酢のふわりとしたさわやかな香りが抜けてしまうのです。砂糖や塩が溶ける程度に温めるにとどめ、酢の風味を大切に守りましょう」

ご飯と寿司酢を合わせる ―粘らせず、塊がなくなるように

寿司飯を作るときは、木製の盤台（「半切り」とも呼ぶ）を使うのが好ましい。ご飯の余計な水分を木が吸い取ってくれるので、べたつかずにおいしく仕上がる。盤台は固く絞ったふきんでさっとふいてから使う。

炊きたてのご飯を盤台に移し、寿司酢を全体に回しかける。しゃもじを横に動かしてご飯を切りほぐすように混ぜ、同時にうちわで扇いでご飯を冷ます。これはご飯が余熱でやわらかくなりすぎるのを防ぎ、米粒の表面の水分を飛ばすこと

でつや良くさらりとさせるためだ。
「ご飯の塊がなくなれば、酢もまんべんなく行き渡っています。混ぜすぎると粘りが出てしまうので、塊がなくなった頃合いで混ぜるのを止めましょう。ご飯と寿司酢を合わせていく段階で、味を見て酸味を利かせたければレモンやスダチを搾って入れてもいいでしょう。また炊き上がったご飯が硬い場合はややゆっくりと冷まし、やわらかい場合は大急ぎで冷ますことで硬さの微調整も可能です」

　混ぜた後もうちわで風を当て続けて、湯気が出ない程度に粗熱を取り、ご飯の上下を返してさらに冷ましていく。

　しゃもじや盤台に付いた寿司飯は、軽く絞ったさらしふきんで払うようにして落とす（しゃもじでこすり取ると、米粒がつぶれたり塊ができてしまう）。そして寿司飯が乾かないように、固く絞ったふきんで全体を覆っておく。

具　―細かく切り分け巻きやすく

「具の材料は巻きやすく食べやすいように、小さめに切り分けます。細かくすることでご飯とよくなじみ、いくつかの具を少しずつ一緒に包んで食べるという手巻き寿司ならではの味わい方も楽しめます。お刺身はそのままでももちろん良いですが、今回はひと工夫加えてみます。味付けは、食べるときにしょうゆを付け

るので、最小限にしておきましょう」

マグロのづけ　マグロの赤身（200g）を食べやすい大きさに切り、しょうゆとみりん（各大さじ1）でざっとあえてしばらく置く。

イカ納豆　イカ（2分の1枚）を細切りにし、ひき割り納豆（2分の1パック）にしょうゆを少々加えて混ぜ合わせる。

タコ梅　ゆでたタコの足（小1本）を薄く切り分け、つぶした梅干し（2個）と混ぜ合わせる。

アボカド・アルファルファ　皮と種を除いたアボカド（1個）をスプーンでつぶし、アルファルファ（糸モヤシ、1パック）とマヨネーズを加えてあえる。

キュウリ　2本を拍子切りに。

アスパラガス　ゆでて食べやすい大きさに切り分ける。

イクラ（適量）

盛り付け　―寿司飯の量を少なめにして巻く

焼きのりは4分の1に切り分ける。乾いたまな板の上にのりを重ねて置き、切る位置に包丁の刃を当ててから包丁の背を手でぐっと押さえつけて切る（刃を動かすとのりは切れない）。

手巻き寿司はサラダ菜で包んでもおいしい。サラダ菜は水洗いした後、ふきんで丁寧に水気をふき取っておく。大葉も同様に水洗いし、筋を取って半分に切る。

大皿に具をきれいに並べ、おろしワサビを添え、しょうゆも用意する。彩り豊かな具から、見るからに楽しく華やかな雰囲気が伝わってくる。手巻き寿司をおいしくいただくには、ご飯をあまり載せすぎないことがポイント。のりで包んだ寿司を口に運ぶと、ぱりっと割れたのりの中から、ほのかに甘くさっぱりした寿司飯の風味がこぼれ出し、色とりどりの具のうまみとからみ合いながら口の中にあふれていった。

「手巻き寿司の具は、お好みでいろいろとアレンジすると良いでしょう。卵焼きやハム、甘辛く味付けした焼き肉、秋ならばサンマのかば焼きなども良く合います。上手に作った寿司飯と家族の楽しい笑顔があれば、何を巻いてもおいしくいただけますよ」

レシピ

寿司飯

材料(4人分)

米――3カップ
水――洗い米の量の1割引き
寿司酢――約1/2カップ

作り方

1. 米は炊く30分〜1時間前に洗って、ざるに上げておく。
2. 洗い米を計量して、洗い米の1割引きの水を量って、硬めの水加減にする。これを炊飯器で普通に炊き上げる。
3. 木製の盤台に炊きたてのご飯をあけ、寿司酢を全体にかけ、切るよう混ぜ、風を当てながら冷ます。固く絞ったさらしふきんをかけて乾かないようにする。

寿司酢

米酢――1/2カップ
砂糖――大さじ5
塩――大さじ1

いろいろな具

1. **マグロのづけ**：マグロ赤身200gは食べやすく切り、しょうゆ、みりん各大さじ1であえる。
2. **イカ納豆**：イカ1/2枚は細切りにして刻み、ひき割り納豆1/2パックにしょうゆを少々加えて混ぜ合わせる。
3. **タコ梅**：タコの足小1本と梅干し2個を混ぜ合わせる。
4. **アボカド・アルファルファ**：スプーンでつぶしたアボカド1個分とアルファルファ1パックを合わせ、マヨネーズであえる。

その他

キュウリ、アスパラガス、イクラ、サラダ菜(サンチュ)、大葉、ワサビ、焼きのり、しょうゆ

いただき方

焼きのり1/4枚分に寿司飯を少量載せ、好みの材料を組み合わせて載せ、巻いて食べる。

エビチリソース

殻付きのエビ、ひと工夫の薬味で断然いつもと違う味に

エビチリソースは、殻付きのエビを使って、強めの味付けのソースに合わせます。最初にエビを殻付きのまま炒めることで、殻から出た味と香ばしさがソースに溶け込み、しっかりとした深いうまみが加わります。

今回は冷凍のエビを使いましたが、新鮮なクルマエビなどで頭付きのまま作れば、家庭でも高級なお料理になるでしょう。ちなみに一年でエビが一番おいしい季節は初夏から夏で、この季節のエビ料理はお勧めです。

いただくときは、最初の一つくらいは殻ごと味わいながら食べてみてください。食べにくければ、次からは皮をむきながら食べてもいいでしょう。指にソースが付いてしまいますが、そんな食べる手間も「おいしさのうち」といえます。ソースはたっぷり作りますので、ご飯にかけてお召し上がりください。

下ごしらえ　―薬味の刻み方で味わいも変わる

「エビは、ある程度大きい殻付きのものを使ってください。むきエビを使う方法もありますが、それだとどうしても味が優しすぎる。エビチリソースは、殻の風

味をしっかりと引き出して、そのたれで味わうお料理だと思うのです」と土井先生は説明する。

最初にソースに混ぜる薬味を刻んでおく。ショウガ（20g）とニンニク（1片）はみじん切りにし、ネギ（140g）は粗く刻む。刻まれた薬味は、けっこうたっぷりという印象だ。「薬味にはその味わいとともに、エビの周りにソースを厚くまとわり付けるという役割があります。ソースのとろみだけでは、食べるときにエビからソースが流れ落ちてうまくからみ取れません。薬味は細かすぎず粗すぎず、ややランダムな刻み方にすると、薬味と一緒にたくさんのソースがエビに付いていておいしくいただけます」。

エビ（無頭、16匹・約300g）は洗って水気をふき取ってから、下ごしらえをする。土井先生はまず調理ばさみを使って、エビの背の頭側から尾に向かって殻を切り分けていく。

次にエビの背わたを、包丁の刃でかき出すように取り除く。尾はそのままでも構わないが、先の黒い部分を切り落としておくと出来上がったときの見栄えが良い。

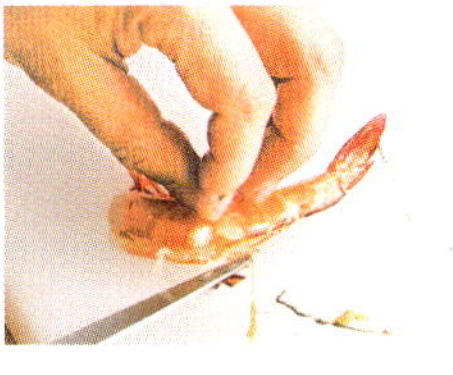

合わせ調味料
――あらかじめ計量して、段取りよく

チリソースに使う調味料を並べると、実に種類が多彩なのに驚く。「これらを合わせて味を作ります。どれかの味が際立って主役というわけではありませんが、それぞれの調味料にはきちんとした目的があります。エビチリソースはケチャップを使った炒め物というのが基本的な考え方で、それに豆板醤の辛みを加え、しょうゆで味付けし、酢と砂糖で酸味・甘みをしっかり押さえ、老酒で風味を添える。そして水溶き片栗粉でとろみを付け、最後にゴマ油で香りとつやを加える、というわけです。味付けの調味料は、それぞれの役目をふまえて的確なバランスで組み合わせることが何より大事です」。

味付けのトマトケチャップと酢（各大さじ2）、老酒（4分の1カップ）、砂糖としょうゆ（各大さじ2）は、一つの器に混ぜ合わせておく。「エビチリソースは比較的速いテンポで調理が進みます。こうして規定量の調味料をあらかじめ混ぜて準備しておき、段取りよく調理することが大切です。どんなお料理でも、次の手順を考えながら、一つひとつの作業にけじめを付けて進めていくことが、おいしさを生む秘訣なのです」。

エビを焼く　—殻をパリッと焼き、油に風味を移す

下ごしらえをして調味料を用意したら、いよいよ素材を炒める。フライパンを強火にかけ、サラダ油（大さじ2）を加えて温めたところにエビを入れる。ここで混ぜ返したりはせず、まず片面をしっかりと焼いてから、全体をひっくり返して反対側も焼くようにする。

「こうしてエビの殻を十分に焼くことで、そのうまみと香ばしさが油に移り、チリソースの味わいを深めるわけです。ちょっと焼きすぎくらいでも大丈夫です」。

焼き上がったエビは、加熱で白みを帯びた殻に香ばしい焼き色が付き、この段階でそのまま食べても本当においしそうだ。

ソース作り　—豆板醤を炒めて、味に深みを

焼いたエビをいったん取り出し、フライパンにサラダ油（大さじ1）を補ってから薬味のショウガとニンニクを炒める。香りが立ったら豆板醤（大さじ1）を加えて炒めていく。

「豆板醤はしっかり加熱することでコク深い味わいが出ます。加熱が足りないと、ただ辛みだけが強調された味になってしまいます」

次に合わせておいた調味料とネギを入れる。「ネギはあまり炒めすぎず、シャキッとした食感が残るようこのタイミングで入れます」。

火が通ったところで、焼いておいたエビを入れて混ぜ合わせる。薬味とソースとエビがしっかりとからみ合い、全体が見事にまとまっている感じだ。そこに水溶き片栗粉（片栗粉大さじ1を同量の水で溶く）を加えてとろみを付け、全体を混ぜながら煮立てるように炒めていく。仕上げにゴマ油を回しかけ、香りとつやを加える。「さあ出来上がりました！」。最初に鍋を火にかけてから6～7分ほどの本当に手早い調理だ。

盛り付けられたエビチリソースからは、中華料理ならではのふくよかな香りが漂ってくる。家庭的な調味料だけで作られているのだが、本格的中華料理の風格を感じさせるかぐわしさだ。

口に運んでかみしめると、サクリとした殻の中からプリッとやわらかなエビの身が躍り出る。そして殻の香ばしさ、優しい甘みのある身の味わい、甘酸っぱくピリッと辛いチリソースの香味がなじみ合いながら、口の中いっぱいに広がっていく。ソースにはエビのうまみが十分染みていて、ソースだけでもご飯がどんどん進んでいく、そんなおいしさにあふれる一品だった。

「今回、調味料を準備しておくことの大切さについて少し触れましたが、段取り

レシピ

エビチリソース

材料(4人分)

エビ(無頭)——16匹(約300g)
ネギ(粗く刻む)——140g
ショウガ(みじん切り)——20g
ニンニク(みじん切り)——1片
トマトケチャップ、酢——各大さじ2
老酒——1/4カップ
砂糖、しょうゆ——各大さじ2
豆板醬——大さじ1
片栗粉(同量の水で溶く)——大さじ1
ゴマ油——適宜
サラダ油——大さじ3

作り方

1. エビは洗って水気をふき取り、はさみで背側に切り込みを入れて背わたを取り、尾の先を切り落とす。トマトケチャップ、酢、老酒、砂糖、しょうゆを混ぜて合わせ調味料を作っておく。
2. フライパンを強火で熱し、サラダ油大さじ2を温めて、1のエビを入れて両面に香ばしく、殻のうまみを出すように強火でしっかり焼いて、いったん取り出す。
3. 2の鍋にサラダ油大さじ1を補い、ショウガ、ニンニクを炒める。香りが出てきたら豆板醬を加え、合わせ調味料を加え、ネギを入れて炒め、ひと煮する。
4. 2のエビを戻し入れ、調味料をからめるようにして煮た後、同量の水で溶いた片栗粉を回し入れてとろみをつける。最後にゴマ油を回し入れ、香りよく仕上げる。

をしっかりすることはお料理のすべての手順において強調できるポイントです。素材を洗う、切り分ける、調味料を用意する、火にかける……。これらの作業をきちんと区別して、一つが終わったらある程度片付けてから次に進む。片付けながら、次の作業のことを頭で整理しながら進めていく。これを『一つひとつけじめの付いた仕事』と言って、おいしさを生むための秘訣なのです。毎日台所に立つお母さんなら当たり前のことですが、お料理入門者の男性でも、この点を意識して身に付ければ見違えるほどお料理上手になるはずです」

ゴーヤーチャンプル

お好み焼きでも焼くように炒め物は動かさない、あおらない

強い日差しと高い気温のもとで育った沖縄野菜の代表格であるゴーヤー（ニガウリ）は、そのさわやかで鮮烈な苦みが一番の味わいです。近ごろは全国的に市販され、家庭でも身近な野菜になりました。

沖縄料理のチャンプルとは、豆腐の入った炒め物のこと。炒め物は一見簡単な調理法に思えますが、野菜から出た水分で汁気が多くなってしまうなど、うまくいかないことも実際には多いのではないでしょうか。それは炒め物を「絶えずフライパンを振るって素材をかき混ぜながら作るもの」と勘違いしているためです。

家庭のコンロで炒め物をおいしく作るための一番のポイントは、素材にあまり触らずにじっくりと焼き炒めることです。また素材ごとに火の通りが違うことを考え、素材をどんな順番で炒めるかも大切です。今回お伝えするのは、すべての炒め物に応用できる基本ですから、しっかり覚えてください。

炒め物の理　—プロの真似はしないことがコツ

「炒めるというと、中華料理店の厨房の光景のような火との闘いというイメージ

が浮かびませんか？　そもそも中華料理店の炒め物と、日本の家庭の炒め物は調理の条件が全く違います」と土井先生は説明する。

家庭用のガスコンロの熱量は強火で約4000キロカロリー。一方、中華料理店が使う業務用ガスコンロはおよそ2万から4万キロカロリーと、その火力は格段に違う。

中華料理店で材料を絶えずかき混ぜながら調理するのは、素材が焦げないよう、いわば素材の温度を下げるためだ。

一方で家庭料理の場合、かき混ぜることで逆に素材の温度が上がらなくなってしまうことが問題なのだ。

「家庭で野菜炒めなどを作るときは、油で焼くというイメージを持ってください。必要以上に素材を動かさず、一つずつ確実に焼き色を付けるようにし、最後にすべての材料を合わせます。そうすれば家庭のコンロや電磁調理器でも、歯応えや風味のしっかりしたおいしい野菜炒めができます」

下ごしらえ

——切る厚さで苦みを調整する

独特の苦みが魅力という、ほかの野菜にはあまりない持ち味のゴーヤー。土井先生は、まず1本（280g）のゴーヤーを縦半分に切り、種の入ったわたを除いて、およそ3㎜厚さに切り分けていく。

「切る厚さは好みに応じて調整してください。厚めに切るとゴーヤーの苦みが強調されます。薄く切れば、油で炒めることで苦みがかなりやわらぎます。水にさらして苦みを除くという方法もありますが、素材が水っぽくなってしまうので、風味を引き立てるには厚さで調整した方が良いでしょう」

次に豚肩ロース肉（ショウガ焼き用・120g）を5㎜幅程度に切って、しょうゆ（大さじ1）を軽くまぶして下味を付けておく。

焼き炒める

——あおりすぎ、かき混ぜすぎはNG

「複数の素材を炒めるときは、どの順序で炒めるかが大切です。ゴーヤーチャンプルの場合、まず豆腐、次にゴーヤー、そして豚肉という順です。もし最初に豚肉を炒めてしまうと、下味のしょうゆが焦げてフライパンを汚してしまい、それが後から炒める素材にも付いて見栄えを損ねてしまいます」

まずフライパンを熱してサラダ油（大さじ1・5）をなじませ、木綿豆腐（1丁・300g）を適当な大きさに手でちぎって敷き詰めるように置き、上から塩を1つまみ振る。

意外なのはその炒め方。フライパンをあおるように動かしたり素材を混ぜ返したりするのではなく、土井先生は素材に全く触れずにそのままじっくりと焼いていく。まるでお好み焼きでも焼いているような様子だ。

フライパンに接する面がきつね色に焼けたら豆腐をひっくり返し、両面が焼けたらいったんフライパンから取り出す。
「素材によって火の通り方は違いますから、素材ごとに別々に塩加減をしながら炒めて、最後に混ぜ合わせます。そうすることで、一つの素材の状態をしっかり見ながら炒めることができるからです」
次にフライパンにサラダ油（大さじ1）を足して、ゴーヤーを炒める。フライパンの中にゴーヤーを均等に広げて塩をひと振りしたあと、ここでも土井先生は素材に全く触れずにじっくり

焼いていく。ジャージャーとかき混ぜたりしない。ゴーヤーの下側にこんがり焼き色が付いたら全体をひっくり返し、両面が焼けたらこれもいったんフライパンから取り出す。

フライパンに少量の油を補い、下味を付けた豚肉を広げて入れて黒コショウを振る。「お肉は片面だけに焼き色を付けます。その方がお肉のジューシーさが引き立ちます」。

豚肉を片面焼いたら、炒めておいた豆腐とゴーヤーをフライパンに戻し入れ、加熱しながら混ぜ合わせていく。最後に塩・黒コショウを振り、溶き卵（2個）を加えて軽く火を通したら出来上がりだ。

炒め物といえば、フライパンを振るって勢いよくかき混ぜながら炒めるものだと思っていたら、そんなイメージとはあまりにも違っていた……。

「こうして素材に触りすぎないことが、家庭でおいしい炒め物を作るポイントなのです。素材の下側に焼き色が付くまでは、絶対に素材を返してはいけません。なぜなら、フライパンの表面温度は200℃以上に加熱されています。でもフライパンに接してない素材の上部はほぼ常温です。この状態で素材を混ぜ返したり新しい素材を入れたりすると、フライパンの温度を下げてしまいます。フライパンの温度がいったん下がると、家庭のコンロの火力ではすぐに高温に戻りません。

温度の上がらない状態でフライパンを振りながら混ぜていくと、表面に焼き目が付かないため素材から余計な水分が染み出て、炒めるというよりもその水分で蒸しているような中途半端な調理になってしまいます」

土井先生が作ったゴーヤーチャンプルは、お皿の底にも汁気がほとんど出ていない。ゴーヤーに火が通っていながらも歯応えはシャキッとし、その心地よい苦みが豆腐や豚肉の豊潤な風味に包まれながら舌の上に広がっていく。

それぞれの素材がまさにベストコンディションで炒められたからこそ出せる味わいだ。

レシピ

ゴーヤーチャンプル

材料（4人分）

ゴーヤー（ニガウリ）――1本（280g）
豚肩ロース肉――120g
下味
しょうゆ――大さじ1
木綿豆腐――1丁（300g）
卵――2個
塩――適宜
黒コショウ――適宜
サラダ油――適宜

作り方

1. ゴーヤーは縦半分に切り種とわたを取り、3mm厚さに切る。豚肉は5mm幅に切って、しょうゆをもみ込む。卵は溶いておく。
2. フライパンにサラダ油大さじ1.5を熱して、豆腐を崩しながら広げて入れ、塩をして焼き色を付けて一度取り出す。サラダ油大さじ1を補い、ゴーヤーを入れて塩をして焼き色を付けて、これも一度取り出す。
3. 2に油少々を補い、豚肉を加えてさばいて広げ、黒コショウをして焼き色を付けて豆腐、ゴーヤーを戻し全体を混ぜ合わせる。塩、黒コショウを振り、溶き卵を加えて軽く火を通す。

冬瓜の含め煮

氷水で一気に冷やすことで雑味のないさわやかな仕上がりに

煮上がった冬瓜の姿は心がなごむような涼しさを感じさせ、厳しい暑さを一時忘れさせてくれます。夏野菜の冬瓜に「冬」の字が付くのは、一般的には冷暗所に置けば冬まで保存できるからといわれますが、その透き通るように煮上がった果肉の涼やかさから「冬の瓜」と名付けられたのだと想像します。

冬瓜の何よりの魅力は、涼やかな透明感となめらかさ。そのとろけるような食感を出すには、下ゆでの際にムラなく全体がやわらかくなるまで湯がくことが大切です。今回は「冬瓜の含め煮」と、応用としてもう一品「冬瓜と牛肉の炊き合わせ」を作ります。冷たく冷やしていただく冬瓜の含め煮は、そのみずみずしさと冷たさを味わいます。一方の炊き合わせは、濃い味に煮上げた牛肉と盛り合わせて味のコントラストを楽しむお料理で、若い人も満足されると思います。

下ごしらえと下ゆで

—大きめの切り分けが、味わいを深める

厨房の一角に置かれた、大きく丸々とした冬瓜。その濃い緑色とずっしりとした重量感には、盛夏の太陽と地の力がため込まれているように感じる。すぱっと

包丁で割ると、みずみずしく真っ白な果肉が現れる。土井先生は4分の1に切った冬瓜のわたを除いて皮を2～3㎜ほどの厚さでむき、そしてやや大きめの約3㎝角に切り分けていく。「素材を切り分ける寸法は、素材のやわらかさや味の濃淡によって決まります。やわらかい冬瓜をいただくとき、お箸ですっと割る楽しみ、大きいものをほおばる楽しみも、大切なおいしさになります」。

次に切り分けた冬瓜を、たっぷりの水を張った大きめの鍋に入れて下ゆでする。火加減は中火で、鍋には落としぶたをする。落としぶたは加熱の効率を高め、また素材が浮き上がってくるのを抑えるのが役割だ。

ある程度ゆでたところで、冬瓜に串を刺して煮え加減を見る。「冬瓜の実は皮の近くほど硬くてなかなか煮えません。煮え加減を見るときは、大きな塊の一番硬い部分に串を刺して確かめます。その硬い部分までしっかり煮えていないと、全体がとろりとした食感にならないからです」。実際に刺してみると、果肉のやわらかい部分は抵抗なく串が通るが、硬い部分に刺すとしゃりしゃりとした繊維質の感触が指先に伝わってくる。串は中

まで通らず、まだ煮え方が足りないことが分かる。
20分ほど煮て、果肉の硬い部分にもすっと串が通るようになったら下ゆでは完了だ。

煮含め　―急速に冷ました方が味がさえる

下ゆでをしながら、冬瓜に味を煮含める二番だしを作る。「前にも説明しましたが、一番だしはお吸い物専用のおだしで、二番だしはみそ汁や煮物など全般に使える濃いおだしのことです」。

鍋に水とカツオ節、昆布を入れて、中火弱でゆっくりと加熱していく。沸騰したら表面のあくをすくい取りながら3分ほどじっくりと煮立てる。「おいしいおだしを取るには、最初にゆっくりと温めていくことが大切。強火で急いで加熱すると、おだしの豊かな風味を損ねてしまいます。そしてしっかり煮立ててあくを浮かび上がらせることで、きれいに澄んだ二番だしができます」。最後にできただしを布ごしする。

鍋に二番だし（3カップ）と下ゆでした冬瓜を入れて中火弱の火にかける。味付けに塩（小さじ1）とみりん（大さじ1）を加え、味を見てさらにもうひと味ほしい

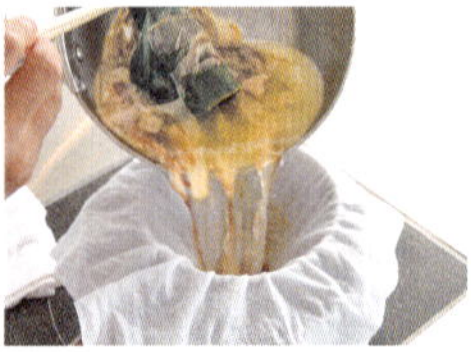

場合には昆布を適量入れ、落としぶたをして10分ほど煮る。

煮終わったら冬瓜と煮汁をボウルに移し、ボウルごと氷水に浸す。「含め煮というお料理は、火から下ろして冷ます過程で、だしの味を素材の中にしっかり染み込ませるのです。冬瓜は常温で冷ますよりも氷水で急速に冷やした方が、雑味が出ずに新鮮な風味が生きます」。20～30分ほど氷水に浸し、中まで十分に冷めたら出来上がりだ。

みずみずしく透き通った冬瓜は、箸でつまむとほろりと崩れそうなほどやわらかい。口に含むと、ほのかな青い香りとだしの味わいが一体となって舌の上にとろけ出し、ひんやりとした食感を残しながらすっと喉を通っていく。見た目からも味わいからも、本当に涼しい気分になっていく一品だ。

応用編 ―冬瓜と牛肉の炊き合わせ

「味の濃いものと薄いものを別々に煮て、最後に盛り合わせるのが『炊き合わせ』というお料理です。味と彩りのはっきりしたコントラストが、充実した味わいを生み出します。冬瓜は、家庭料理の素材としてやや距離感を覚える人もいるかもしれませんが、お肉との炊き合わせは、ご飯に合うおかずとしてお子さんにも喜ばれるでしょう。冷ましておいた冬瓜の含め煮を使って作ります」

まず牛肉（赤身薄切り4枚・120g）に、しょうゆ（大さじ1）と砂糖（大さじ1弱）で下味をつける。フライパンにサラダ油（大さじ1）を熱し、牛肉に片栗粉を軽くまぶしてから焼き色を付ける。

そこに「冬瓜の含め煮」の煮汁（1カップ）としょうゆ（大さじ1）を加えてひと煮立てする。この煮汁が、別々に煮た牛肉と冬瓜の味をなじませる。最後に温めた冬瓜の含め煮と一緒の器に盛り付けて、おろしショウガを添えれば出来上がりだ。

野菜の煮物の種類

―さまざまなバリエーションを増やそう

煮染め　たっぷりのだし汁を使って野菜をきれいなしょうゆ色に煮染める、家庭のごちそう。

含め煮　たっぷりのだし汁で煮て、煮上げてからもだし汁に浸し、冷めるうちにだしの味を含ませる。味付けは塩または薄いしょうゆで、決して濃く色付けない。お料理屋さん的な煮方。冬瓜の含め煮、若竹煮など。

直ガツオ煮　削りガツオをじかに加えて煮て、本来取り除くだしがらをそのままにして盛り付ける。カボチャの直ガツオ煮など。

炒め煮　ゴボウなど繊維質の多い野菜や乾物を戻したものなどを、油で炒めてから水分を加えて煮る方法。油のおいしさが加味され、野菜だけでも濃い味にしてご飯のおかずになる。切り干し大根の炒め煮、きんぴらゴボウなど。

煮付け 里イモなどを油で炒めて、水やだし汁で煮る。炒め煮との違いは、素材を姿のまま煮ること。味の染みていない素材自体の味と、濃い煮汁のコントラストがはっきりしている、家庭的な料理。魚の煮付けも、濃い煮汁をソースのようにからめていただく。小イモの煮ころがし、肉ジャガなど。

レシピ

冬瓜の含め煮

材料

冬瓜——1/4個(700g強)
二番だし——3カップ
　水——3･1/2カップ
　昆布——1枚
　カツオ節——20g
塩——小さじ1
みりん——大さじ1

作り方

1. 冬瓜はわたを除き、皮を厚くむいて、3cm角に切る。
2. 湯に入れて中火で20分ほどやわらかくゆでる。
3. 温かい二番だしに、冬瓜を直接入れて中火弱の火にかけ、煮立ったら塩、みりんで味を付け、落としぶたをして10分ほど煮て、ボウルに移して氷水に浸し味を含める。

レシピ

冬瓜と牛肉の炊き合わせ

材料

牛肉(赤身薄切り)
——4枚(120g)
下味
　しょうゆ——大さじ1
　砂糖——大さじ1弱
片栗粉——適宜
サラダ油——大さじ1
冬瓜の含め煮の煮汁——1カップ
しょうゆ——大さじ1
おろしショウガ——15g分

作り方

1. 牛肉は1枚を3〜4つに切り、しょうゆ、砂糖で下味をつけ、両面に軽く片栗粉をまぶす。
2. フライパンにサラダ油を熱して、牛肉を入れて焼き色を付ける。
3. 2に冬瓜の煮汁を加えてひと煮して、しょうゆで味を付ける。
4. 冬瓜の含め煮に火を入れて再び温める。
5. 器に冬瓜の含め煮を盛り、煮汁とともに肉を盛り、おろしショウガを添える。

そうめん

市販の「めんつゆの素」を使わない作りたてのつゆの感動をぜひ

湯がきたてのコシのあるそうめんを、作りたての香り豊かなめんつゆでいただく——。すごくシンプルなことですが、このおいしさを本当に味わったことのある人は案外少ないのではないでしょうか。

できたてのつゆは、本当にうっとりするようなだしの良い香りが立ちます。料理屋ではつゆをまとめて作り置きするのが通常で、この作りたてのおいしさは家庭だからこそ味わえるものなのです。めんをゆでるお湯を沸かす時間があれば、つゆも簡単にできますから、ぜひ手作りしてみてください。

一方、めんのおいしさを引き立てるポイントは、湯がいた後に流水でしっかりともみ洗いして、めんを締めること。これでめんのぬめりが落ち、ツルツルッとしたのどごしが格段に違ってきます。

めんつゆ　—「中火以下」が風味の決め手

「めんつゆの作り方は驚くほど簡単。でも作りたてのつゆは素晴らしくおいしいんです。めんつゆのほかにも、天つゆや湯豆腐などにも使えますから、覚えてお

くとすごく役に立ちますよ」
つゆの基本は、しょうゆ、みりん、水の量が「1対1対4」の割合。まず鍋にしょうゆとみりんを各2分の1カップ、水を2カップ入れ、そこに昆布（10㎝角1枚）とカツオ節（10g）を一緒に入れて火にかける。
「こうして材料をまとめて入れて、水から煮ていくだけです。実に簡単でしょう。ここで一つだけポイントは、火加減を必ず『中火以下』にすること。緩やかに加熱することで、昆布がやわらかくなって大きく開き、うまみがじんわりと染み出てきます。もし強火で急速に加熱すると、昆布が開く前に湯が沸騰してしまい、また火が強いとカツオ節の風味も変わってしまうのです」
ふつふつと煮えてきたら、表面のあくをすくい取る。昆布が十分に大きく開いたら、火加減を強めてしっかりと沸騰させる。「こうして最後に煮立てることで、つゆがきれいに澄みます。ただしひと煮立てする程度で十分。長く煮ると、すっきりしない重たい味になってしまいます」。できたつゆを火から下ろし、布でこす。

つゆを冷やす

―一気に冷やせば香りも格別

次に土井先生は大きいボウルに氷水を張り、その上に熱いつゆを入れたボウルを浮かべた。そして浮かんだボウルの内側に人差し指を当て、クルクルッと素早く回転させた。中のつゆは、回転の遠心力でボウルの側面に張り付いた形になっている。

「こうして回すと、熱いつゆがあっという間に冷めます。つゆを一気に冷ますことはとても大事なポイント。熱いまま置いておくと、せっかくの作りたてのだしの香りが飛んでしまうからです」。確かに、つゆは十分に冷めているのに、まるで温かいお吸い物をすすったときのような、だしのかぐわしい香りがふわっと漂ってくるのに驚く。つゆを冷やすと同時に、食べるときに使う器も、氷水を張った別のボウルに入れて冷やしておく。

薬味

―のどごしを損なわない切り方がある

「そうめんは、のどごしを楽しむ料理。薬味はどっさり入れるのではなく、量も切り方ものどごしを損なわないように気を配りましょう」

まず青ネギを薄い小口切りにしていく。「日本料理の切り方は、包丁を手前か

ら向こうに動かして切る『押し切り』が基本。刃を手前から滑らすように動かせば、素材がスパッと切れます。刃を真下に落とすように切ると素材の断面がつぶれてしまい、香りも味わいも変わってしまうのです」。

次はおろしショウガ。「ショウガは皮の部分がおいしい。包丁で厚めにむくのではなく、たわしを使って皮の表面だけをこすり落とします」。たわしでゴシゴシとこすっていくと、硬くて色の濃い表面が落ちて、ショウガのさわやかな香りが立ってくる。そしてショウガの繊維に対して直角におろし金を当てておろしていく。こうしないと繊維が細かく切れず、長い繊維がいっぱい残ってしまう。

今回は薬味にミョウガも加えた。土井先生はミョウガの根本を小さく斜めに切り、そしてミョウガを少しずつ回転させながら、細かく斜めに刻んでいく。こうすると一片一片が程よくまばらな半円状になり、盛った全体がふわりとやわらかな感じになる。ミョウガのシャキシャキとした食感を優しく残しながら、めんののどごしを損なわずに味わえる。

めんをゆでる

―差し水がゆで時間の目安に

つゆや薬味を作っている間に、大きな鍋にたっぷりの湯を沸かしておく。そうめん（8束）は帯をほどいてトレイなどにまとめて入れておき、湯が十分に沸騰

したところにザッと一気に入れる。めんを入れて1分ほどで、沸騰の細かな泡がふわーっと上ってきた。吹きこぼれそうになる直前に、差し水（2分の1カップ）を注ぐ。差し水は、湯の温度をいったん下げることで、めんの表面と中心部の温度差を縮め、芯まで均一にゆで上げる役割がある。

差し水をした後、再び吹きこぼれそうになるまで煮立ったら、すぐに鍋を火から下ろす。「これでちょうど良いゆで加減です。めんを入れて、一度煮立ったら差し水をして、また煮立ったら火から下ろす。つまり差し水がゆで加減の目安になるわけです」。

めんを締める

—洗濯するようにもみ洗い

ゆでたそうめんをざるに上げ、たっぷりの流水で粗熱を取る。次に流水をかけながらめんを洗う。洗濯をするように、両手でめんをもみ合わせるように洗っていく。

「めんにまとわり付いていたぬめりが落ち、キュッキュッと締まっていくのが指先でも分かります。こうしてしっかりと洗うことで、食べるときののどごしが格段に違ってきます」

最後に氷水を入れた器にそうめんを盛り付ける。土井先生はめんの中に中指を

入れ、指ですくうようにめんの一部を引き上げ、器の中に一つひとつの玉になるように盛っていく。器に盛られためんは、めりはりのある塊になって見るからにおいしそうだ。
　盛り付けたそうめんをいただくと、ツルツッと滑るように口の奥へと流れ込んでいく。そしてつゆのふくよかな味わい、コシのあるめんの食感、薬味のさっぱりした香りが一体となって口の中に広がっていく。普段の何となくゆでて作るそうめんとは違った、一品の立派な料理としての深い味わいがそこにあった。

レシピ

そうめん

材料
そうめん――8束
青ネギ――適宜
ショウガ――30g
ミョウガ――適宜

めんつゆ
（しょうゆ、みりん、水の割合は、1：1：4が基本）
しょうゆ、みりん――各1/2カップ
水――2カップ
昆布（10cm角）――1枚
カツオ節――10g

作り方
1. 鍋にめんつゆの材料をすべて入れ、中火以下にかける。煮立ったらあくを取り、火を止める。布でこして、冷たく冷やしておく。
2. 青ネギは小口切り、ミョウガは小口切りにして水にさらした後、水気を切る。ショウガは皮をむきすりおろす。
3. そうめんは帯をはずし、たっぷりの熱湯に一度に入れる。煮立ったら、差し水（1/2カップくらい）をして煮立ちを抑え、再び煮立ったらざるに上げて、たっぷりの流水をかけて冷まし、冷めたら流水で十分にもみ洗いする。表面のぬめりを取り、そうめんを締めてコシを出す。
4. 氷水とともにそうめんを盛り、薬味を添えて、冷たいめんつゆとすすめる。

夏野菜カレー

カレーはじっくり煮込むものという常識は捨てましょう

夏の力強い日差しのもとで成長した、トマトやカボチャなど色鮮やかでみずみずしい夏野菜は、その中に太陽と地の恵みを凝縮しているようです。そうした旬の野菜を食べることで、私たちは体に元気を取り入れているように感じられます。

カレー料理には、じっくり煮込んで作る英国風や、スパイスと油をふんだんに使ったインド風などさまざまな種類があります。今回作る夏野菜カレーの一番の狙いは、シャキッと新鮮な夏野菜ならではのうまみや自然の青い香り、歯応えも生かしながら、スパイスとの一番良いコンビネーションを作り出すことです。そのために、後口のさっぱりした軽い味わいに仕立て、15分という短時間でさっと煮ます。きっと作ってみて、「こんな短い時間でこれだけの深い味わいが出せるのか」と驚かれるかもしれません。

下ごしらえ

――「素材の寸法をそろえる」のが基本

厨房に並べられたカボチャ、トマト、オクラ、新玉ネギ――。夏野菜の豊かな彩りは見るからに楽しく、季節の勢いを感じさせる。

まず材料の鶏もも肉（1枚）を、表面に付いた水分を丁寧にふき取り（肉から染

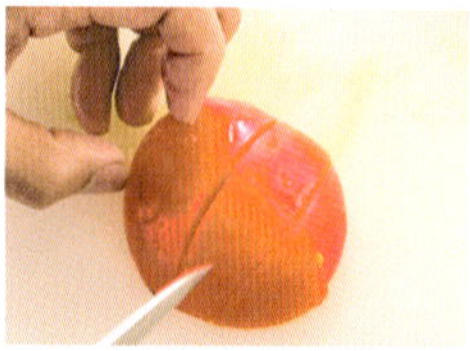

み出た水分は素材の鮮度を損ねてしまう）、約２cm角に切り分けてから全体に塩を振って下味を付ける。オクラ（10本）は軸を切り、ガクの部分を包丁でむく。そして種を除いたトマト（２個）、玉ネギ（１個）、カボチャ（大を４分の１）をそれぞれ約１cm角程度の大きさに切りそろえていく。

土井先生は何気なく包丁を入れている様子だが、切り分けられた肉や野菜の大きさはきれいに均一だ。「日本料理では『切り出し』と言いますが、素材の寸法はお料理の基本です。小さすぎると何度も箸を運ぶことになるので煩わしく、大きくて硬いものは口に入りません。どんな大きさに切るかは、食べやすさや素材のやわらかさ、味の濃さや盛り付ける器などによって決まるのです。今回のカレーは野菜を煮崩すわけではないので、スプーンですくいやすくご飯にもなじむ大きさにそろえます」。

スパイス

カレー粉とは違う個性を知っておく

「おいしいカレーを作るには、スパイスの香りがまさに命。瓶入りなどのパウダーの場合は密閉保

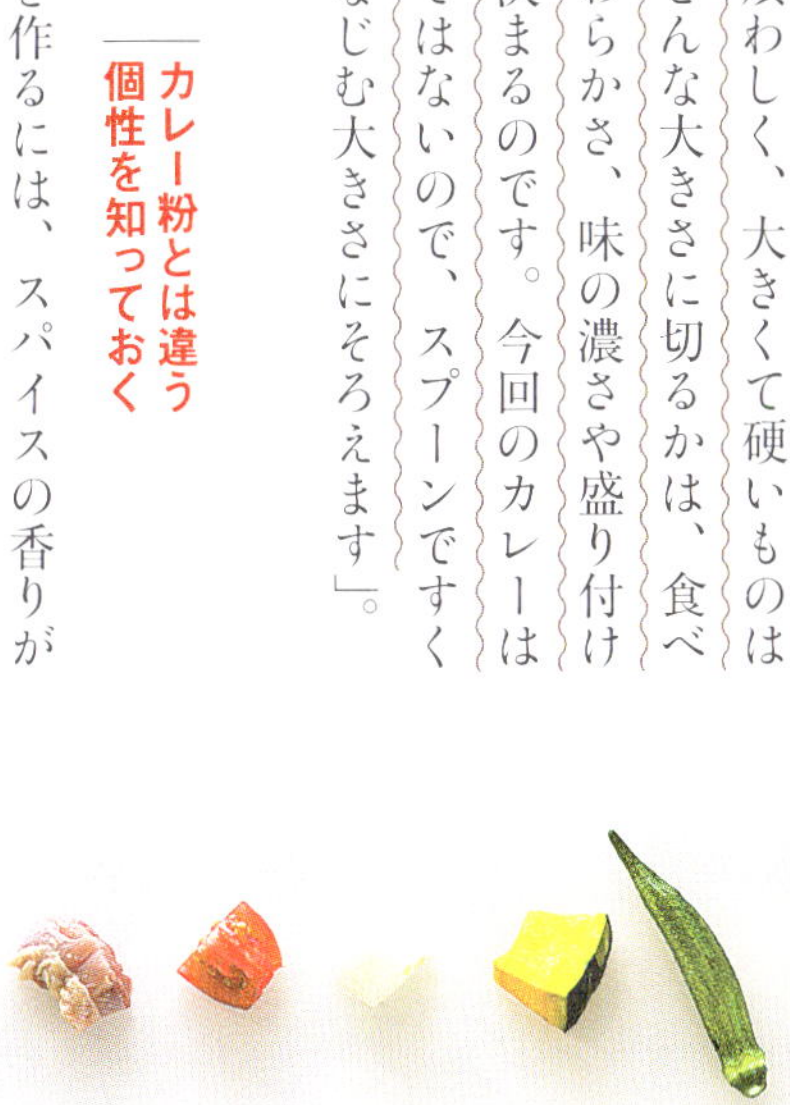

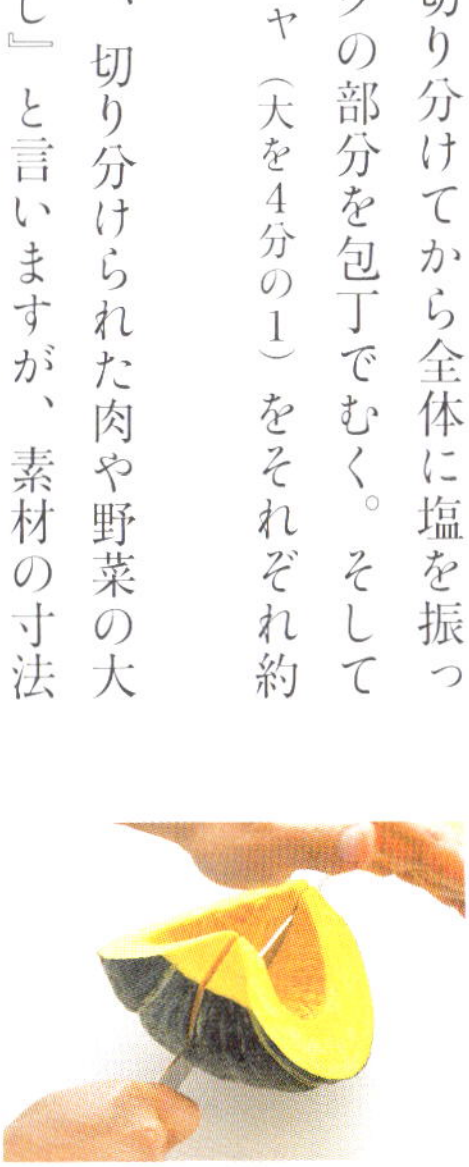

存されたなるべく新しいもの、可能なら開けたてを使うのが良いです」と土井先生はアドバイスする。用意されたのはターメリック（大さじ2）、ガラムマサラ（大さじ1・5）、コリアンダー（大さじ3）、クミンパウダー（小さじ1）、レッドペッパー（小さじ1）。

「個々のスパイスにはそれぞれ違った役割があります。それらを役割に応じて組み合わせることで、味を作っていくのです」。ターメリックはカレーの色に、ガラムマサラは複数の香辛料がブレンドされたものでカレー本体のうまみを作るためのものだ。コリアンダーはさわやかな香りとともにとろみ付けの役目もある。クミンパウダーは鮮烈な香りを持ち、レッドペッパーは強い辛みがある。「色やとろみのためのスパイスは量が多く、多少増減しても大きな味の違いにはなりません。一方で香りや辛みが強いものは量が少なく、わずかな加減が味に影響します。複雑な風味のガラムマサラは、その中間にあたるといえます。スパイスの役割とバランスの目安を知っておけば、お好みでアレンジしても失敗はないでしょう。別の例ですがフランス料理の場合も、塩の量の3分の1までがコショウの量。タイムなどさまざまな香辛料を加える場合は、その総量がコショウと同量というのがセオリーです。こうした基本を身に付けることで、味作りを工夫しながら楽しむことができるでしょう」。

炒める ——**玉ネギは調味料でもある**

鍋にサラダ油（大さじ1）を熱し、鶏肉を入れる。表面が色付く程度に炒めたら、鶏肉をいったん取り出す。次に鍋にサラダ油（大さじ3）を足し、みじん切りにしたニンニク（1片）、ショウガ（30g）、そして玉ネギを炒めていく。「玉ネギには甘みを付ける調味料としての役割もあり、深く炒めると本当に強い甘みが出ます。今回のカレーの場合は少し透き通る程度でちょうど良いです。程よい甘みを加えると同時に、存在感のある具としておいしく食べられます。よく洋食店などであめ色になるまで炒めるというのは、玉ネギの甘さをお料理の中で最大限に活用したい場合です。このカレーは、そこまでする必要は全くありません」。

煮る ——**15分煮れば味はなじむ**

鍋の玉ネギにスパイスを全部加え、かき混ぜながら軽く炒りつける。カレー特

有のスパイシーな香りが、鍋の中からわき立って厨房に広がっていった。
次に炒めた鶏肉を鍋に戻し、カボチャ、トマト、オクラ、水（3カップ）、塩（小さじ2）を入れて、強火にかけて煮始める。

「ぐらぐらと沸騰が始まったときは、素材の中はまだ冷たい状態です。ここで火を弱めてしまうと、素材がしっかり煮えません。素材が中まで熱くなったら鍋の煮立ち方も落ち着くので、そこから中火に絞ってふたをして約15分間煮ます」。なお、カレーの場合はスパイスの風味が複雑で強いため、煮ている途中であくをすくい取る必要はない。

鍋の中は野菜から出た水分で汁気が増し、スパイスの香りを含んだ湯気を立てながらクツクツと煮えている。途中で素材が焦げないよう、木べらで鍋の底をこするようにゆっくりと丁寧に全体を混ぜる。「素材の一つひとつに優しく、形を崩さないように全体をなじませます。かき混ぜすぎないことも、おいしく作るためのポイントです」。

カレーが多少煮詰まって、とろみが付いてきたら出来上がりだ。「このカレーはできたてが一番おいしい。さっと作ってさっといただくという感覚です」と土井先生は言う。ひと口含むとスパイスの鮮やかな香味が口いっぱいに広がり、そして程よく煮込まれた野菜の味わいとご飯のおいしさが一体に混じり合っていく。深いうまみがありながらも後味は実にさっぱりとした、暑い季節にとてもよく合

う一皿だった。
「日本料理では夏野菜をしょうゆや砂糖、酢などを使ってあっさりとしたお料理に仕立てますが、今回のカレーはそれと同じようにスパイスを使って味作りをするというものです。インド風のカレーをより軽やかな味わいにアレンジした感じで、旬の味を楽しむ日本人の感覚に合っていると思います。スープなども加えず、水だけでシンプルに短時間で仕上げるからこそ、新鮮な素材のおいしさを引き立てられるのです」

レシピ

夏野菜のカレー

材料(4人分)

鶏もも肉(2cm角に切る)
――1枚(約320g)

下味

塩――小さじ1

サラダ油――大さじ4

玉ネギ(1cm厚さに切る)
――1個(200g)

ニンニク(みじん切り)――1片

ショウガ(みじん切り)――30g

スパイス

クミンパウダー――小さじ1

レッドペッパー――小さじ1

ターメリック――大さじ2

コリアンダー――大さじ3

ガラムマサラ――大さじ1.5

水――3カップ

カボチャ(2cm角に切る)
――大1/4個(500g)

オクラ(軸を切り、ガクをひとむき)
――10本

トマト(種を取り2cm角に切る)
――2個(380g)

塩――小さじ2

ご飯――4人分

パセリ(みじん切り)――適宜

作り方

1. 鶏もも肉全体に塩小さじ1で下味を付ける。
2. 鍋にサラダ油大さじ1を熱し、鶏肉を色が変わる程度に炒め、一度取り出す。
3. 2の鍋にサラダ油大さじ3を補い、ニンニク、ショウガ、玉ネギを透き通る程度に炒め、スパイスを加えて軽く炒りつけ、鶏肉を戻し、全体を混ぜてなじませ、カボチャ、オクラ、トマト、水3カップ、塩小さじ2を入れて、最初は強火で、沸騰が落ち着いたら中火にしてふたをして約15分間煮込む。

インドカレー

煮込みの短い本場インドのカレーを家庭料理にアレンジしてみました

カレーは、さまざまなスパイスの風味の調和を味わうお料理です。日本の家庭や洋食屋などでなじみが深いのは、小麦粉を使ってとろみを付けた英国風のカレー。一方、さらりとしてスパイスの効いたインドカレーは、煮込み時間が短くて作りやすく、スパイスの鮮やかな香りとさっぱりしたおいしさが、暑い季節にとてもよく合います。

カレーのベースとなるのが、炒め玉ネギです。よく「褐色になるまで」と言われますが、チキンカレーの場合はそれほど深く炒めない方が、素材の味わいによく合います。しっかり混ぜながら強めの火加減で炒めれば、あまり時間をかけなくても玉ネギがきれいに色付いていきます。

サフランライス ―バターと湯炊きで粘らせずに

淡い黄金色とほのかに甘い個性的な香りが、スパイシーなカレーによくなじむサフランライス――。

「まずサフランライスを作るところから始めます。それを炊いている間にカレーを作れば、両方がタイミング良く出来上がりますよ」

米は研いだ後にざるに上げ、夏場なら30分ほど置いておく。これまで何度か出てきたが、こうして水分を吸わせた米を「洗い米」という。サフラン（1～2つまみ）は水につけておく。10数分ほど置くと、水が黄色く色付いてくる。

火にかけた鍋にバター（10g）を溶かし、弱火に絞ってから洗い米（2カップ）を入れて軽く混ぜる。本格的に加熱するのではなく、バターと米をなじませる程度でよい。次にサフランをつけた色水と水とを合わせ、正確に「洗い米の0・5割引き」の水加減にして鍋に注ぐ。

湯が十分熱くなって細かな泡が立ってきたら塩（小さじ2分の1）を加え、そのまま炊飯器に移して普通に炊く。「カレーには粘りの少ないご飯が合います。バターは風味付けとともに、米の粘りを出にくくします。またお湯の状態から米を炊くことを湯炊きといいますが、これも粘りを抑えられます」。

下ごしらえ

玉ネギは、炒めやすく薄切りに

次にカレーの材料を下ごしらえする。鶏もも肉

(2枚)は食べやすい大きさに切り分け、下味の塩(小さじ1)を振って5分ほど置いておく。トマト(2個・400g)も2〜3㎝角に切り、ニンニク(1片)とショウガ(20g)はすりおろす。

玉ネギ(大1個・400g)は縦半分に切ってから、数㎜厚さの薄切りにしていく。「ここで丁寧に薄く切っておけば、後で炒めるときに火の通りが早くなり、短時間できれいに色付きます」。

スパイス　――それぞれの役割を知っておく

「スパイスにはそれぞれに異なった役割があります。その役割に応じて組み合わせることで、調和のとれたカレーの風味が作れるわけです」。土井先生は今回、5種類のスパイスを用意した。

クミンシード(ホール)　鮮烈な風味を持つ香り付けのスパイス。「スタータースパイス」と呼ばれ、最初の油を熱する段階で加える。

レッドペッパー　強い辛みのスパイス。唐辛子。

ターメリック　鮮やかな黄色をした、カレーの色付けのためのスパイス。ウコン。

コリアンダー　独特の香りとともに、とろみ付けの役割もある。中華料理に使う香

菜の実。（レッドペッパー、ターメリック、コリアンダーは、いずれも煮る前の段階で加える）

ガラムマサラ　何種類もの香辛料が配合されたインドのスパイス。香り付けとして最後の仕上げに。

玉ネギを炒める　—鍋の焦げは玉ネギで落とす

次に炒め玉ネギを作る。玉ネギは加熱によってコク深い甘みが出て、これがカレーの味のベースとなる。

厚手の煮込み鍋にサラダ油（3分の1カップ）を熱し、そこにまずクミンシード（ホール、小さじ1）を入れる。油からスパイスの香りが立ち上ったら、玉ネギ、すりおろしたニンニクとショウガを入れて炒める。

土井先生は強めの火加減を保ちながら、木べらを間断なく動かしながら炒めていく。玉ネギがしんなりしてくると、鍋のところどころにうっすらと焦げが付き始めた。すると土井先生は焦げの部分に、炒めている玉ネギをこしこしとなすり付けるようにして焦げを落としていく。

「こうして焦げを落としながら、強めの火加減で炒め続ければ、長い時間をかけなくても玉ネギをきれいに炒められます」

8分間ほど炒めると、玉ネギがほんのりあめ色に色付いてきた。「これでちょ

うど良い具合です。玉ネギの炒め加減は『主原料の色』が基本です。チキンカレーの場合は玉ネギを薄い色に炒めて、色も味もさっぱりした鶏肉に合わせます。一方でビーフカレーの場合は、牛肉のような濃い褐色になるまで炒めます」。

煮る

―15分だけ煮て味をなじませる

フライパンにサラダ油（大さじ2分の1）を熱し、そこに鶏肉を入れて焼く。底の方にしっかり焼き色が付いたら、ひっくり返してもう片面にも焼き色を付ける（焼くのは表面だけで、中まで火を通す必要はない）。

次に、先ほど玉ネギを炒めた煮込み鍋にスパイスを加える。レッドペッパー（小さじ1）、ターメリック（大さじ1）、コリアンダー（大さじ3）を加えて、玉ネギと一緒に軽く炒める。スパイスがなじんだら、塩（小さじ2分の1）、酸味とコクを付けるヨーグルト（1カップ）、水（2カップ）、鶏肉とトマトを入れて煮ていく。カレーの場合は、スパイスの強い香りが雑味を消すため、あくを取らなくても良い。煮ている途中でカレーが焦げないように、木べらで鍋の底をこするように何度か混ぜ返す。

15分ほど煮て汁がとろみを帯びたら、最後にガラムマサラ（大さじ1）を加えて完成だ。

サフランライスを炊いた炊飯器のふたを開けると、上品な黄金色のご飯からサフランの独特の香りを含んだ湯気がわき立った。盛り付けたカレーを口に運ぶと、さまざまなスパイスの個性ある香味が重なり合い、サフランライスの優しい味わいと調和しながら口の中に広がっていく。

「このカレーも15分ほど煮て、さっといただきます。作り置きをして、味をなじませて深みを出すカレーではありません。早めに作ったときは、10分ほど煮込んで火を止め、いただく前にもう一度火を入れるとちょうど良くなります」

レシピ

インドカレー　サフランライス

材料

鶏もも肉――2枚
サラダ油――1/3カップ
クミンシード(ホール)――小さじ1
ショウガ(おろす)――20g
ニンニク(おろす)――1片
玉ネギ――大1個(400g)
トマト――2個(400g)
レッドペッパー――小さじ1
ターメリック――大さじ1
コリアンダー――大さじ3
ヨーグルト――1カップ
塩――小さじ1/2
水――2カップ
ガラムマサラ(パウダー)――大さじ1

サフランライス

サフラン――1〜2つまみ
洗い米――2カップ
バター――10g
塩――小さじ1/2
水加減――洗い米の0.5割引き

作り方

1. 鶏肉は食べやすく切って、塩(分量外)をして5分おく。ターメリックを少しかける。
2. 玉ネギは薄切りにする。ニンニク、ショウガは皮をむいてすりおろす。トマトは2〜3cm角に切る。
3. 鍋にサラダ油1/3カップを熱して、クミンシードを入れ、玉ネギ、ニンニク、ショウガを入れて焦がさないように、あめ色に炒める(約8分)。
4. フライパンにサラダ油大さじ1/2(分量外)を熱して、鶏肉を焼いて一度取り出す。
5. 3の鍋にレッドペッパー、ターメリック、コリアンダーを加えて炒め、鶏肉、トマト、塩、ヨーグルト、水を加え15分煮る。
6. ガラムマサラを加え仕上げる。
7. 出来上がったカレーに、サフランライスを添えてすすめる。

ポークカレー

煮込む前の手順ですべてが決まるのが英国風カレーの基本です

今回紹介するポークカレーは、さらりとしてスパイスの効いたインドカレーではなく、小麦粉でとろみを付けた英国風カレーです。その作り方のポイントには、さまざまな煮込み料理に共通する基本が含まれています。

繰り返しますが、カレーはただ長く煮込んだり、何かを加えればおいしくなるものではありません。

またカレーのベースとなる玉ネギは、既に説明した通り、合わせる肉の種類によって炒め加減が違います。ポークやチキンカレーでは玉ネギを浅めに炒め、お肉のあっさりとした味わいになじむようにします。煮込み時間も、ビーフに比べ短時間です。

下ごしらえ　―塩で豚肉のうまみを引き出す

「今回のポークカレーには、スペアリブと肩ロースの2つの部位を使います。骨が付いているとカレーソースの味わいが深まり、そして食べるときにも楽しい。とてもおいしいポークカレーになりますよ」

まず豚肩ロース肉（3～4枚・400g）を一口大に切り分け、豚スペアリブ（5

cmの長さを200g）とともにボウルに入れて、全体に塩（小さじ1程度）をまぶす。「この塩は下味になると同時に、肉の水分を適度に外に出してうまみを濃くする働きがあります。塩をして約1時間置いておくことで、カレーの風味に負けないしっかりした豚肉の味わいを引き出します」。

玉ネギ（2個・500g）は薄切りにする。なるべく薄く切っておいた方が、後で炒めやすい。ショウガ（20g）とニンニク（大1片）は皮をむいて、すりおろしておく。

玉ネギを炒める

——炒め時間は約10分で

厚手の煮込み鍋を火にかけ、サラダ油（大さじ2）を加えてバター（30g用意したうちの20g程度）を溶かす。

そこにまずショウガとニンニク、そして玉ネギを入れて、ここから木べらで絶えずかき混ぜながら炒めていく。

玉ネギを炒めるときの火加減はかなり強火だ。しばらくすると鍋底にうっすらと茶色い焦げが

見え始めたが、やはり土井先生は、焦げた個所に炒めている玉ネギをあてがい、それを木べらの先で押しつけながらコシコシとこすっていく。

「これは以前にも紹介したコツですが、木べらだけでこすっても取れない焦げは、こうして玉ネギをこすり付けると取れます。焦げを取りながら強めの火加減で炒めれば、長い時間をかけなくても玉ネギが色付いていきます」

しばらく炒めると、玉ネギの水分が抜けて少しパサついた状態になってくる。この段階で残りのバターを加えて、炒め続けていく。炒め始めてから10分強、玉ネギ全体が香ばしそうなキツネ色を帯びてきた。

「ポークやチキンに合わせる場合は、玉ネギの炒め加減を浅めにするのが基本。濃く炒めると、豚肉の味に対してソースの風味が強くなりすぎてなじみません。一方でビーフに合わせる場合は、玉ネギを濃い褐色になるまで炒めて、濃厚な香ばしさのソースにします」

小麦粉に火を通す　―十分に炒め、なめらかなとろみに

炒めた玉ネギに小麦粉（25g）を加え、さらにかき混ぜながら炒め続ける。「こうして粉にしっかりと火を通すことで、舌触りにムラのない、きめ細かなとろみのソースに仕上がります」。

粉を加えてすぐは全体が一塊の団子のような状態だが、加熱を続けていくと全体がさらりとして、塊がさばけるようになる。

その状態になるまで火を通したら、カレー粉（大さじ2）とレッドペッパー（小さじ1）を加える。しばらく炒りつけてから、トマトペースト（大さじ1）を入れてさらに炒め続ける。

スパイスのかぐわしい香りが立ち上り、鍋の中がだんだんカレールーらしくなってきた。

ワインを煮詰める
——煮込む前に、おいしさを仕立てる

ここで、下ごしらえしておいた豚肉を焼く。肉の表面に付いた水気をキッチンペーパーでふき取り、フライパンにサラダ油（大さじ1）を熱して入れる。下の面が焼けたらひっくり返し、両面に焼き色を付けてから煮込み鍋に移す（焼くのは表面だけで、肉の中にはまだ火が通っていない）。

煮込み鍋を強火にかけた後、土井先生は鍋の中の材料をさらに炒め続ける。「これはフランス料理で『スエ（汗の意味）』と呼ばれる工程です。煮る前に混ぜながら十分加熱することで、分離していた油脂と水分とがなじみ合って（乳化現象）、ソースがとろりとまろやかな味わいになります」。次に白ワイン（1カップ）を加

え、鍋の底から全体を混ぜ返しながら煮詰めていく。これも「スエ」と同様の作用があり、ワインだけを加えた状態でしっかり煮詰めることで、ソースの味わいが深まる。

最初に玉ネギを炒め始めて以降、鍋を混ぜる土井先生の腕はずっと休みなく動き続けている。そして鍋の中は、一つの調理段階を経るごとに様相が次々と変わっていく。

「玉ネギを炒める、粉に火を通す、ワインを煮詰めるという一つひとつの段階が、次の段階以降の味の土台になります。後戻りして味を直すことはできません。各段階を一つのお料理を作るようにきちんと完成させてから、次に進むことがおいしさの秘訣です。最後に煮込むのは肉をやわらかくするためで、カレーの味は煮込む前のこの時点でもう決着が付いているのです」

煮込む ―豚肉本来のおいしさを保つ

素材を炒めた煮込み鍋に水（4カップ）を注ぎ、沸騰してから30〜40分間煮込んでいく。

クツクツと静かに煮立つ程度の中火以下にし、底の方が焦げないよう、ときどき木べらで底をぬぐうように混ぜ返す。「このくらいの煮込み時間で豚肉がやわ

らかくなり、そして豚肉本来の味わいもしっかり保てます。長く煮込みすぎると、肉がパサパサになってしまいます」。

煮込み終わったら最後に味を見て、塩（小さじ3分の2程度）を加えて整えたら出来上がりだ。

ご飯とともに盛り付けられたポークカレーを口に含むと、お店のカレーなどに比べ、とてもあっさりとした印象だ。スペアリブは身が骨からほろりとはがれ、かみしめるたびにうまみがにじみ出てくる。カレー・豚肉・ご飯それぞれの味のバランスのもとに生まれるおいしさが、まさに今回のポークカレーならではの魅力だ。

レシピ

ポークカレー

材料（4人分）

- 豚スペアリブ（5cmの長さ）――200g
- 豚肩ロース肉――3〜4枚（400g）
- ショウガ――20g
- ニンニク――大1片
- 玉ネギ――2個（500g）
- 小麦粉――25g
- カレー粉――大さじ2
- レッドペッパー――小さじ1
- トマトペースト――大さじ1
- サラダ油――大さじ3
- バター――30g
- 塩――適宜
- 白ワイン――1カップ
- 水――4カップ
- ご飯――4人分

作り方

1. 豚肩ロース肉は、一口大に切りスペアリブとともにボウルに入れ、塩小さじ1程度を全体にまぶして置く（約1時間）。玉ネギは薄切りにする。ショウガ、ニンニクは皮をむいてすりおろす。
2. 厚手の煮込み鍋にサラダ油大さじ2を熱し、バター20gを溶かし、ショウガとニンニクのすりおろし、玉ネギを入れて炒める。全体がキツネ色になるくらいまで10分強ほど絶えず混ぜながら炒める。途中、焦げ加減になったときに残りのバターを加える。
3. 2に小麦粉を加えてさらに炒めて粉に火を通し、カレー粉、レッドペッパーを加えさらに炒りつけ、トマトペーストを加えて、また炒める。
4. フライパンにサラダ油大さじ1を熱して、水気を取った1を入れ、色を付け、煮込み鍋に移し、白ワインを加えて底から混ぜながら煮立て、水を加えてのばす。
5. ときどき、底から混ぜながら30〜40分煮込む。味を見て、塩小さじ2/3を補う。
6. ご飯にかけてすすめる。

夏野菜の煮物

だしを使わず野菜の滋味を存分に味わう優しい味に仕上げる

日本人は季節の食材を早め早めに口にしたいと思う人が多いでしょう。でも、ナスやキュウリ、トマト、枝豆やトウモロコシなどの「夏野菜」がおいしくなるのは、やはり夏の太陽をしっかりと浴びた盛夏の時期といえます。

今回の夏野菜の煮物は、フランス料理でおなじみのラタトゥイユを、薄口しょうゆでさっぱりとした味付けにし、ご飯のおかずによく合うよう仕立てたものです。切り方をやや大ぶりにし、野菜本来の味わいと姿を生かすことがポイント。煮た後に冷やしてからいただくと、新鮮な夏野菜ならではのみずみずしくさわやかなおいしさを味わえます。

下ごしらえ ―姿を大切に、大ぶりに切り分ける

トマトの美しい赤色、ナスの深い紫紺、キュウリのみずみずしい緑――。厨房に置かれた夏野菜は、夏の鮮烈な陽光を写し取ったような鮮やかな彩色を放っている。

「トマトや特にキュウリは生のまま食べることが多いので、煮ることにちょっと違和感を持つ方もおられるかもしれません。でも冷たい煮物にした一品は、生野

菜とはひと味違った、やわらかくて優しい味わいを楽しめますよ」と土井先生は説明する。

まず野菜を切り分ける。「素材の姿を生かすことが日本料理の特色の一つ。今回の煮物は野菜の切り方を大ぶりにすることで、素材の姿と本来の味わいを生かし、食べ応えのしっかりしたおかずに仕立てることが狙いです」。ナス（4個・300g）は、根元と丸い先の両端を切り落とす。表皮に縦方向の切り込みを幾筋か入れてから、2～3cmほどの厚さの筒切りにする。そして切り分けたナスを水に浸し、15分程度あく抜きをする。あくを抜いておかないと、いがいがとした雑味が残り、ナスの色も黒っぽく変色してしまう。

玉ネギ（1個・200g）は縦に8等分のくし形切りにする。根元のつながった芯を中心にして切り分け、一片一片が細かくばらばらにならないようにする。

トマト（500g）はへたを取って半分に切るだけ。赤ピーマン（小2個）は縦半分に切って種を取り、それを横半分に切る。キュウリ（2本・20

0g）も縦半分に切ってから、横に3等分する。切り分けられた野菜を見ると、確かに煮物の材料としてはずいぶんと大ぶりに思える。

炒める ―油で炒めることで色止めする

煮る前に、まず野菜を炒める。鍋にオリーブ油（4分の1カップ）を入れて中火にかけ、そこに水気を切ったナスを加えて炒めていく。「最初にまずナスだけを炒めます。ナスは油との相性がとても良く、また油で全体を覆うことで、皮の色が煮汁に溶け出してしまうのを防ぐ色止めになります」。鍋に敷いた油をナスがほとんど吸い取り、皮の表面がつややかになったら十分な炒め加減だ。

次に玉ネギ、赤ピーマン、キュウリ、トマトの順に鍋の中に加えていき、さっと混ぜ合わせるように炒め、細かく千切りにしたショウガ（40g）を入れる。

煮る ―煮汁は「必要最小限」が原則

野菜を炒めたところで、水（1・5カップ）、酒（2分の1カップ）、薄口しょうゆ（大さじ3）、砂糖（大さじ1）を加えて落としぶたをする。「この夏野菜の煮物はだしも使いません。野菜そのままのおいしさを、あっさりとした軽い味付けでいた

だくというお料理です」。

今回の夏野菜の煮物には調味料として薄口しょうゆを使うことも特色。うまみが深い濃い口しょうゆに比べ、薄口しょうゆは色や香りを抑えられ、素材本来の彩りや風味を生かしやすい（塩分濃度は薄口の方がやや高いため、加える量は濃い口の場合よりも少なめにする）。

ここからいよいよ煮ていくのだが、野菜は鍋の中から盛り上がり、その上に落としぶたが載っているという状態。中の煮汁は上から見ても分からないほど少量で、具材がほとんど煮汁の中につかっていない。一見すると、果たしてこれで本当に煮えるのだろうか？　と思えてしまう……。

「火にかけているうちに野菜から水分が出てきて、やがてちょうど良くひたひたになります。最初から野菜がつかるほど水を加えると、汁気が多すぎになります。煮物の調理では、水加減が最後にどうなるかの予測がとても大事で、煮魚などの失敗はたいてい煮汁が多すぎるためです」

火加減は最初、強火にする。火が弱いと沸騰した水分が吹き上がらないため、全体に火が回らないからだ。しっかり煮立ったら中火に絞る。しばらくすると加熱によって野菜のかさが減り、染み出た水分が鍋を満たしてクツクツと煮えていく。

冷やす

すぐに冷まして、味をすっきり

15分ほど煮て、野菜がやわらかく煮上がったところで火から下ろす。土井先生はアツアツの野菜をすぐにボウルに移して氷水の中に入れた（鍋のまま氷水につけても構わない）。「こうして素早く冷ませば風味が飛ばず、野菜の味わいがすっきりとします。しばらく置いて十分に冷たくなったところで食べてもいいですし、冷蔵庫で一晩置くと味に一層深みが出ておいしくなります」。

盛り付けられた夏野菜の煮物は彩りが美しく、夏らしい季節感と涼やかな雰囲気を食卓に漂わせる。まずナスを口に運ぶと、中に含まれたオリーブ油の優しい風味がじわりと広がる。ショウガのさわやかな香りとほのかなしょうゆの味わい、

そしてひんやりと冷たい口当たりが野菜のおいしさを引き立てる。半分に切っただけのトマトは、ほおばるほどのボリューム感ある大きさ。かみしめると、やわらかな酸味を帯びたトマトのうまみがとろけ出す。そして、玉ネギの甘さ、赤ピーマンの特有の濃い風味、さっぱりとしたキュウリ……。それぞれの野菜の持ち味がはっきり引き立てられた豊かな味わいに、ついつい箸が進んでいく。夏の涼と食欲を誘う、本当に食べ応え十分な一品だった。

「今回のようなお料理には、シンプルにお肉のソテーや手羽先のグリルなどを合わせて献立をされると良いでしょう。おそうめんを食べるときにも、こんな野菜料理が一品あればうれしいですね」

レシピ

夏野菜の煮物

材料(4人分)

ナス――4個(300g)
玉ネギ――1個(200g)
トマト――500g
赤ピーマン――小2個
キュウリ――2本(200g)
ショウガ(皮をむいて千切り)――40g
水――1.5カップ
酒――1/2カップ
薄口しょうゆ――大さじ3
砂糖――大さじ1
オリーブ油――1/4カップ

作り方

1. ナスは両端を切り取り、縦に5〜6mm間隔に切り込みを入れた後、食べやすく筒に切って、水につけてあくを抜き、水気を切る。玉ネギは芯をつけたまま8等分のくし形切りにする。トマトはへたを取り、縦半分に切る。赤ピーマンは縦半分に切って種を取り、さらに横半分に切る。キュウリは、縦半分に切ってから、横に3等分する。
2. 鍋にオリーブ油を入れて中火で温め、ナスの水気を取って加え、しっかり炒める。さらに玉ネギと赤ピーマン、キュウリ、トマトを加えて炒め、ショウガを入れる。
3. 2に水と酒、薄口しょうゆ、砂糖を加えて落としぶたをし、強火で煮て、煮立ったら中火に絞り、15分ほど煮る。途中で鍋返しをして、煮えムラのないように煮上げる。

メモ

材料を全部入れたら、鍋からあふれそうになりますが、煮るうちに野菜から水分が出てなじみ、煮上がりは煮汁がひたひたになります。煮上がったらそのままにしないで、鍋底を氷水にあてて急いで冷ますことで、味わいもすっきりとします。冷めたものを冷蔵庫で冷たくします。

Part 3

秋から冬の定番料理

サンマの塩焼き

手で触りすぎないのが肝心 焦げの防止はアルミホイルで

関西では以前、塩サンマが一般的でしたから、初めて生サンマを食べたときの新しい味を発見したような驚きを今も覚えています。特にまだ暑い最中に出回る新サンマは、秋を感じさせる風情ある食べ物。毎日食べてもいいと思うくらい、おいしいですね。

サンマの味わい方は、内臓をいかにおいしく食べるかです。内臓の味は魚の血の味ですから、鮮度が良くないといけません。新鮮なものは塩焼きが一番ですが、ぶつ切りした身を酢としょうゆで煮た「サンマの辛煮」は、焼き物とはひと味違ったコクがあります。また焼いたサンマを土鍋に入れ、米、しょうゆ、昆布だし、千切りショウガで炊き込んだ「サンマご飯」は、もてなし料理としてお勧めです。

見極め ―海水と氷につけた状態が一番保存性が高い

「まず、サンマの選び方からいきましょう」。魚市場から届いた保冷箱を土井先生が開くと、氷水の中に銀色の魚体が姿を覗かせる。その1匹を手に取ると、「秋刀魚」の文字通り、その身はつややかに輝いてぴんと硬直している。「この海水と氷につけた状態が一番保存性が高い。取れた場所や時間が同じでも、後の保

存の仕方で雲泥の差が出ます。魚屋さんに行ったら、魚の回りに氷が手当てされているかなど、置いてあるコンディションをまず確認しましょう」。鮮度が落ちると身の張りが緩み、頭と尾がべたっと下がってくる。同じサンマであっても、それは全くの別物だ。

下処理 ――手で触れるほど鮮度は落ちる

厨房に立った土井先生は、まず包丁でうろこを落とし、そして全体を水洗いする。「水洗いすると輝きが変わったのが分かるでしょ。でも、最初の生き物としての美しさとは違った、食材としての美しさがありますよね」。

内臓は傷みやすいため、ほとんどの魚は買って帰ったらすぐ内臓を取って水洗いし、冷蔵庫に入れておくことが基本となる。しかしサンマは内臓のうまさまでを丸ごと味わう魚なので「焼く直前まで冷たい状態に保っておくことが大切」となる。それだけに下処理の際は少しでも魚の温度を上げ

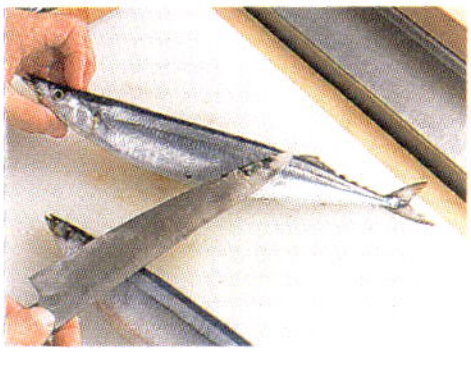

ないよう「なるべく魚に触らないように」と土井先生は強調する。例えば魚の胴をわしづかみにしてはいけない。体温が魚に伝わり、魚表面の温度を上げてしまうからだ。魚を持つ場合は尾か目の部分のみとして、あくまでも「魚の鮮度」を意識することがコツといえる。

塩振り

―美しく均一にかける「尺塩」のテクニック

水洗いの後は水分をふき取ることが鉄則。これが仕上がりを大きく左右する。「焼き始めた魚は表面の水分が完全に乾かなければ焼き目はつきません。ぬれたままだとそれだけ焼く時間がかかってしまい、表面がカリッと中身がホクッとした焼き魚になりません」。ふき取る際は、表面に残る水分に注意すること。「水はいわば魚と塩をつなぐ接着剤。魚の表面があまりに乾いていると塩がのらずに落ちてしまう。魚の表面が適度にしっとりしていれば、ちょうど塩がのりやすい状態となっているわけです」。

魚にまんべんなく塩を振るには、水分を多く含んだ塩だとボタボタと落ちてしまって、うまくいかない。そんなときは鍋で空炒りをして塩の水分を取り、サラサラの「焼き塩」にするとよい。

魚は頭を左、腹を手前に盛り付ける。その状態で上を向いた面が魚の「表」と

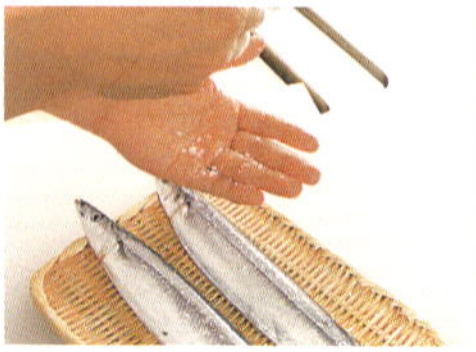

いう。表側が美しくなるように塩を振り、そして表が香ばしくなるよう焼き上げ、盛り付ける。常に魚の表裏を意識しよう。「塩振りのセオリーは尺塩《しゃくじお》といって、30㎝ほどの高い位置から塩を振ります。でもそれを家庭の台所でやると周りに塩が飛び散ってしまう。低い位置からでも上手にまんべんなく塩を振るには、まず片方の手に塩を当て、ワンバウンドさせるとプロのように格好良く上手にできます」。

焼く

―何度もひっくり返さないのがコツ

魚焼き器は、あらかじめしっかりと熱しておく。熱くならないうちに魚を置いて焼くと、皮がくっついてしまうためだ。また土井先生は、焼く前に尾の部分に油を塗ったアルミホイルを巻いておく。こうすると、尾がくっついたり焦げたりしない。出来上がりをきれいにするための、ちょっとした知恵だ。

そして焼くときには、焼き上がるまで何分かかるかを予想しておくことが大切だという。「普通は12~13分くらいですかね。火の通り具合を判断するポイントは『焼き色』です。魚を火にかけると、まず何分かかけて表面全体が乾き、それから皮を焦がしながら中に火が通っていきます。おいしそうな焼き色が付いていれば、内臓もほくっと焼き上がっています。焼き色を見ながら、時間や火加減を

調整しましょう」。

家庭では片面焼きの魚焼き器を使っているケースも多い。「その場合、6〜7分で片面を焼き切ってから、ひっくり返して火が通るまで焼きます」。身が崩れやすいため、何度も返さないことが要点だ。

名脇役 ―大根おろしは「切る」ものと心得よう

焼いている間に、塩焼きに欠かせない大根おろしを作る。「おろしは『つぶす』のではなく『切る』もの。力任せにつぶした大根おろしは、水分が分かれてしまい、味も見た目もいただけません」。

おろし金の小さな突起の一つひとつが刃物。その刃で切るというイメージだ。おろし金を安定したところに置き、大根を斜めに持ち、回すようにしてたっぷりと作る。

仕上げ ―きれいな「焼き色」と「焦げ」の違いを知る

「魚がいい感じに焼けてきました。お腹がふつふつ沸いてるでしょ」。途中で土井先生は、焼き色が強い部分を小さなアルミホイルで覆う。こうして続きを焼く

と、黒く焦げ付かずに全体がきれいな焼き色になる。焼き上がった後の盛り付けも肝心だ。ここで身を崩してしまうと、見た目を損なうばかりか、味わいある内臓が流れ出してしまう。

「熱いうちは身がとてもやわらかくて崩れやすい。フライ返しなどを使って慎重に取って、お皿に載せます」

料理で大切なのは「格好良く出来上がったゴールと、途中の要所要所の状態をイメージしておくこと」と土井先生は語る。「それを道しるべに、心遣いをもって作れば、きっとおいしい料理ができますよ」。

レシピ

サンマの塩焼き

材料

サンマ――人数分
塩――適宜
大根おろし――適宜

作り方

1. サンマは包丁でうろこを落とし全体を水洗いし、水分をふき取る。
2. サンマ全体にまんべんなく塩を振る。尾の部分に油を塗ったアルミホイルを巻く。
3. あらかじめ熱した魚焼き器にサンマを載せて焼く。目安は両面焼きの場合12～13分。片面焼きの場合、6～7分で片面を焼き切ってから、ひっくり返して同様に焼く。
4. フライ返しで皿に盛り、大根おろしを添えてすすめる。

レシピ

ナスとそうめんのみそ汁

材料

ナス――1本
そうめん――1束
ミョウガ――2個
二番だし――2.5カップ
信州みそ――30g

作り方

1. ナスは5～6mm厚さの半月に切る。ミョウガは千切りにする。
2. 二番だしにナスを入れて、煮立ったところにそうめんを折ってさばき入れ、そうめんがなじんだら、みそを溶き入れ、ミョウガの千切りを入れてひと煮する。

※そうめんをじかに煮込みます。そうめんは塩分があるので、いつもよりみその量を控えること。

マイタケの天ぷら

野菜の衣はとろりとさせ
油切れの良い軽い仕上がりに

キノコは代表的な秋の味覚ですが、最近は一年を通じてさまざまな種類のキノコが手に入るようになりました。中でもマイタケは栽培種でもとてもおいしく、流通経路もしっかりしているので、新鮮なキノコならではの豊かな風味が家庭で手軽に楽しめます。味が濃いマイタケは油との相性も良く、天ぷらに最適な素材の一つ。シイタケであれば柄を切り、のりと一緒にかき揚げにすると、磯の香りと貝柱のような食感が楽しめます。

下準備 ――形を生かして房を分ける

幾重にも重なったマイタケが、特有のかぐわしい香りを漂わせている。「パックされた栽培種なら水洗いの必要はありません。マイタケは白い根の部分も全部食べられますから、下処理の際はあまり包丁を入れないように」。

ざらざらした石突きの部分を薄くそぎ落とし、あとは根本に少し切れ目を入れて手で裂く。「細かく分けすぎず、多少大ぶりの塊の方がいいでしょう。その方が見た目がマイタケらしい。料理をおいしく見せるには素材そのものの形を大切にすることです」。

天つゆ

―間違ってもグラグラ煮詰めない

「うっとりするような香りの良い天つゆが、誰でもできますよ。ただし火加減が決め手」。作り方は至って簡単で、しょうゆ、みりん、水を1対1対4の割合で鍋に入れ、カツオ節を大きく1つかみ入れてまとめて火にかけるだけ。ここで重要なのが、中火以下で鍋全体を温めるようにゆっくり加熱することだ。

「おいしいだしを取るには、素材の味をじんわり染み出させることが必要。強火で加熱するとうまみがよく出ないうちに煮立ってしまいます。ほら、こうして穏やかに湯気が立ってきたでしょう。これが良い状態。あとは静かに煮立つのを待ちましょう」

軽く煮立ったところで火から下ろし、布かざるでこす。できたての温かな天つゆから、コク深いふくよかな香りが漂う。これが揚げ油の風味と合わさるとき、絶妙の味わいを奏でる。今回の天つゆは濃いめなので、大根おろしをたっぷり用意して好みに応じて薄めていただく。

衣作り

――材料は必ず冷やし、混ぜすぎず軽く溶く

天ぷらのおいしさを決めるのは、油切れの良い軽い衣。そんな衣を作るには、卵と水、小麦粉、そしてボウルも冷蔵庫で冷やしておくのがポイント。「これは、衣を粘らせないため。熱が加わったり混ぜすぎると、小麦粉のグルテンが働いて粘りの強い重たい食感になります。すると油に入れたときにぱっと衣の花が咲かず、また衣の付きが厚くなって火の通りにも影響します。おいしい衣を作るには絶対に混ぜすぎないこと」。

小麦粉1カップをふるいに通し細かくする。水分量は、卵1個と冷水を合わせて160～180ccくらい。水分を多くすれば衣を薄くできるが、とろりとした方が野菜の天ぷらには向いており、うまく揚がる。

卵と冷水を混ぜてボウルに入れ、そこに粉を一気に入れて泡立て器でボウルの内側を3周ほどなぞるようにざっくりまぶす。「粉っぽさが少し残っている感じ。これでもういい。これ以上混ぜたら粘ってしまいます」。溶いた衣の中には氷を1個入れ、冷たい状態を保つ。

油の量と温度

――「中温」でじっくり火を通す

衣を作り終える前に、揚げ油を弱火にかけて温度を上げ始めておく。油の量は、揚げ鍋に底から3㎝程度。「野菜類の場合は、ひっくり返しながらじっくり熱を通すので、これくらいの量で十分きれいに揚がります」。

油の中に落とした衣が、底に触れて浮き上がってくれれば低温の揚げ油（約160℃）、沈む半ばで浮き上がれば高温の揚げ油（約180℃）になる。野菜を揚げる温度はこの中間で、165～170℃くらいの中温が良い。

家庭の鍋や少量の油の場合は温度が変化しやすく、冷たい素材を入れれば温度は下がる。ただ強火を持続すると温度が上がりすぎるので、火加減はこまめに調整しなければならない。

衣付け ――衣付きを良くするひと工夫

油が適温になったらいよいよ衣を付けて揚げ始める。土井先生はここでもひと工夫し、衣を溶いたボウルの横に、平らな皿を用意して小麦粉を準備しておく。野菜類の表面は衣が付着しにくいため、途中で衣がはがれてくることもある。衣付きを良くするためには、まず表面に小麦粉を少量まぶし、それから溶いた衣を付けるとよい。

揚げる

―菜箸で衣の硬さや軽さを見極める

「さあ、揚げますよ」。衣をまとったマイタケを油の中に滑り込ませると、じゅわっと音を響かせながら泡が沸き上がる。

「揚げ始めたら、菜箸でときどき返したり衣をつつきながら、五感を働かせて揚がり加減を見ていきましょう」。熱によって素材の水分がある程度抜けると、泡の出が細かくなって、はじける音も軽くなる。水気が減った素材は表面に浮き上がり、衣が色付いてこんがりとした香りが立ち始める。そしてカラッとした衣の感触が、菜箸を通じて手元に伝わってくる。その硬さや軽さといった変化を、箸先で感じ取る。

「いい感じになりました。油から引き上げましょう。箸から伝わる触感、泡の出方や音、衣の色、におい、これらすべてが情報。それに『おいしそう』という自分の感覚を大切にすれば、必ず上手に揚げられます。野菜の天ぷらは、ちょうど火が通ったところよりも、少しオーバーめにしっかり揚げた方が、冷めてもおいしく食べられます」

マイタケは比較的短時間で揚がるが、厚いレンコンやサツマイモなどは揚げ時間がかかる。土井先生は「要領は全く同じで、素材をよく観察すれば上手に揚げられる」と言う。

「今おいしくできたというタイミングを、素材は目で見える情報として伝えてくれます。また天ぷらは一度にいろいろな素材を使うことが多いと思いますが、1種類の素材だけを集中して揚げた方が、上手な揚げ方を早くマスターできます」

レシピ

マイタケの天ぷら

材料（2人分）

マイタケ――1パック
小麦粉――1カップ
卵――1個
冷水――適宜
揚げ油――適宜
天つゆ
しょうゆ、みりん、水を1：1：4で準備
カツオ節――1つかみ
大根おろし――適宜

作り方

1. 天つゆは、しょうゆ、みりん、水を1：1：4の割合で鍋に入れ、カツオ節を大きく1つかみ入れてまとめて火にかける。中火以下でゆっくり加熱し、軽く煮立ったところで火から下ろし、布かざるでこす。
2. マイタケは、石突きの部分を薄くそぎ落とし、根本に少し切れ目を入れて手で大ぶりに裂く。
3. 小麦粉1カップをふるいに通し細かくする。冷たい卵1個と冷水を合わせて160〜180ccくらいをボウルに入れ、粉を一気に入れて泡立て器でボウルの内側を3周ほどなぞるようにざっくり混ぜる。溶いた衣の中には氷を1個入れ、冷たい状態を保つ。
4. 揚げ油を弱火にかけて温度を上げ始めておき、165〜170℃くらいの中温になったら揚げる。あらかじめ小麦粉（分量外）を少しまぶしてから衣をつけて揚げる。
5. からりと揚がったら軽く油を切り、器に盛る。天つゆ、大根おろしとともにすすめる。

レシピ

シイタケと黄菊の酢の物

材料（2人分）

シイタケ――4〜5枚
黄菊――5つほど
酢、塩、酒――各適宜
加減酢
昆布だし――75cc
薄口しょうゆ、酢
――各大さじ1

作り方

1. 黄菊は花びらを外し、酢を少々入れた熱湯でさっとゆでて水に取り、冷めたらざるに上げ水気を絞る。
2. シイタケは軸を取って、塩と酒を振り、焼く。
3. 加減酢の材料を混ぜ合わせ、黄菊とシイタケをさっくりあえる。

キンメの煮付け

**強火で一気に仕上げるのがコツ
煮汁も多すぎない方がいい**

煮魚は焼き魚に比べ火の当たりが穏やかで、身をとてもやわらかく仕上げることができ、また煮汁の調味料の加減で味付けも自由にできます。「煮付け」は、白身魚を濃い煮汁とともに強火で一気に煮上げる調理法です。箸を入れると中の身は真っ白で、調味料が染み込んでいないことが分かります。これに煮汁を付けながら食べることから、「煮付け」と呼ばれています。煮付けは冷めても味わい深く、冬場なら作った翌日に煮汁が煮凝《ここ》っているでしょう。それをご飯に付けてもまたおいしいですね。

長く煮ると、身が硬くなり味も抜けてしまうので、強火で10分ほどで煮上げるのがポイント。そして煮汁の量は、魚に火が通ったときに煮汁もちょうど良く煮詰まるよう、少ない量で煮ます。基本を覚えれば失敗のない、簡単な料理ですので、ぜひマスターしましょう。

下処理 ―魚の切り身は必ず下処理を

「おいしい魚料理を作るには、まずは素材の鮮度、そして下処理をきちんとすることが重要です」。土井先生は鮮やかな桃色のキンメダイの切り身を手に取り、乾いたふきんで表面の水気を丁寧にふき取っていく。ひれも広げてぬめりをふき

取り、皮に残っているうろこをすべて取り除く。そして断面の中骨に付いた血合いも、しっかりとふき取る。4切れの切り身をふき終わると、真っ白だったふきんがかなり汚れていた。

「魚の切り身を買ってきたら、まずこうしてきちんと下処理を済ませてから冷蔵庫にしまいましょう。表面の水気やぬめり、残ったうろこ、血合いなどが付いたまま置いておくと鮮度が損なわれてしまい、生臭さの原因になります」

飾り包丁　―切り身によって深さを変える

次に皮に一文字の切り込み（飾り包丁）を入れる。これは加熱で皮が収縮しても身がつっぱらないようにし、そして素材の中まで火を通りやすくするためだ。

二枚おろしにされた魚の切り身は、中骨の付いた側のものと、骨のない側のものとがある。骨の付いた切り身の場合、飾り包丁は骨に当たるまで深く切り込む。骨のない切り身は2～3㎜程度の浅い切れ目を入れる。

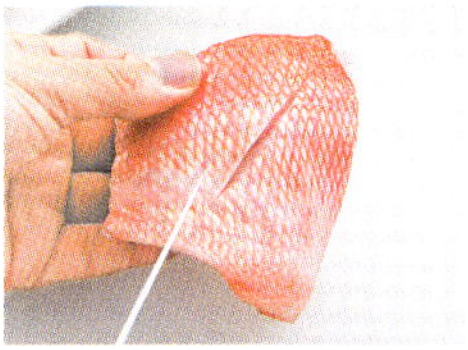

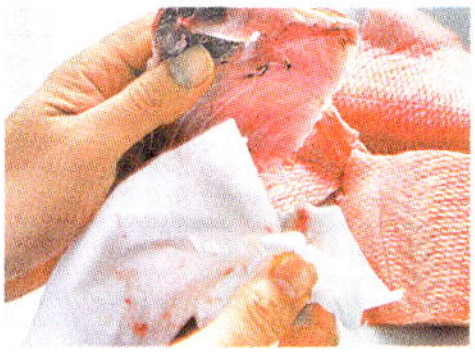

煮汁　―身が半分つかる程度が適量

鍋に水（3分の2カップ）、酒（3分の1カップ）、砂糖（大さじ4）、みりん（大さじ2）、しょうゆ（大さじ3）を入れて強火にかける。煮汁の量は直径24cmの鍋に深さわずか1cm弱で、切り身を入れたら半分つかる程度。思ったよりもずいぶん少量だ。「煮汁が多いと、魚のうまみが水の中に多く溶け出してしまいます。また強火で煮るため、汁気が多いと煮ているときに身が揺れて崩れやすくなります。少ない煮汁でさっと煮るからこそ、素材の味わいが引き立った、見栄えの良い煮付けができるのです」

煮る　―強火で一気に煮るのがセオリー

煮汁が煮立ってきたら、切り身を皮の方を上にして鍋に敷くように並べて入れる。「魚の煮付けは絶対に重ねて入れてはいけません。重ねて煮ると火の通り加減に差が出ますし、煮崩れしやすい。また途中で魚を返すこともしません。この直径24cmの鍋なら、一度に4切れを煮るのが限度です」。魚を鍋に入れたら、薄切りにしたショウガ（30g）を上に散らす。

そして鍋を少し傾けて煮汁をおたまですくい、切り身の上から全体にかけてい

く。熱い煮汁がかかると、切り身がぎゅっとそり返る。「煮立ったところに魚を入れ、上からも熱い煮汁をかけることで、まず身の表面に火が入って固まります。それが壁となって、魚のうまみを中に封じ込めるわけです」。

何度か煮汁をかけて表面に火を通したら、落としぶたをして煮ていく。落としぶたは加熱の効率を高め、吹き上がった煮汁が魚の上からもかかることで、少ない煮汁でも魚全体が煮汁の中につかっているのと同じ状態にできる。ここで土井先生は火加減を中火に絞った。「煮付けは『強火で一気に煮る』のがセオリーです。でも落としぶたをして煮ると、熱をより有効に使えるので、強火で煮ているのと同じ状態になります」。

煮始めてから8分がたった。煮汁は煮詰まってとろみを帯び、落としぶたの周りに細かな泡が沸き立っている。「そろそろ魚に火が通ったころです。煮汁も良い感じに煮詰まっています。本当に短時間でさっと煮るだけでしょう。下処理さえ済ませておけば、ご飯を炊くよりも早くできますよ」。最後に、水で戻して食べやすい大きさに切っておいたワカメ（80g）を鍋に入

れ、ひと煮立ちしたら出来上がりだ。

魚の身は温かいうちは崩れやすいので、盛り付けるときには注意が必要。フライ返しを使って、慎重に鍋から取り出す。そして深みのある器に盛り付けて煮汁をかけ（平らな皿だと煮汁を入れられない）、脇にワカメをあしらう。食べるときは、煮汁をからめながらいただく。

できたてのキンメの煮付けの身を箸でつまむと、やわらかな身がほろりとほぐれ、口に運ぶと、白身魚の甘みを帯びた味わいがかみしめるたびにあふれ出てくる。煮汁には新鮮な魚のうまみが凝縮され、そのコク深い味が身とからみ合って口の中いっぱいに広がっていった。

「魚の煮付けは、身と煮汁の量のバランスがとても大切です。煮汁に加える調味料は、切り身の数に比例します。一方で水の量は、鍋の大きさなどに応じて加減しましょう。鍋に切り身を入れたときに、身の半分ほどが煮汁につかるくらいが適量です。そして10分ほど煮て、魚に火が通っているのに煮汁がまだ煮詰まっていない場合は、魚を取り出して煮汁だけを煮詰めます。逆に煮ている途中で煮汁

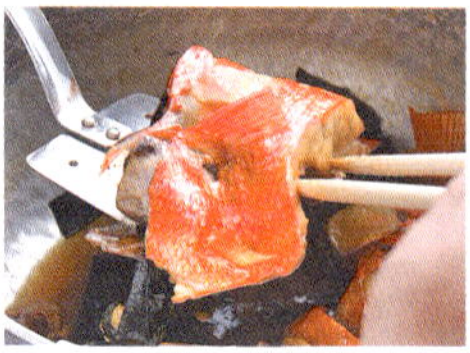

が先に煮詰まってしまったら、仕方がないので火を止めお湯を加えて調整してください」

「煮付けにする魚はキンメダイのほか、アジやメバル、カワハギ、メイタガレイなど、小型の白身魚が向いています。また付け合わせのワカメは最後に入れましたが、定番の拍子切りにしたゴボウや、ちぎりコンニャクの場合は最初から入れて煮ます。今回作った煮付けは、ご飯のおかずに合うように甘辛い味付けですが、もしお酒のさかなにしたいならば砂糖の量を減らすとさらりとした味わいになりますよ」

レシピ

キンメの煮付け

材料(4人分)

キンメダイ――4切れ(1切れ100〜130g)
ショウガ(皮付きのまま洗って薄切り)――30g
ワカメ(戻したもの)――80g

煮汁

水――2/3カップ
酒――1/3カップ
砂糖――大さじ4
みりん――大さじ2
しょうゆ――大さじ3

作り方

1. キンメダイは皮目に切り込みを入れる。
2. ワカメは戻して、食べやすい大きさに切る。
3. 鍋に煮汁の材料を入れ、煮立ったら1のキンメダイを入れてショウガを散らし入れ、煮汁を回しかけ、表面に火を通す。水でぬらした落としぶたをして、途中何度か煮汁をすくいかけながら、中火で10分ほど煮る。
4. 煮上がる直前に、ワカメを入れ、ひと煮立ちさせて火を止める。
5. 器に盛り付け煮汁をかける。

カキフライ

カキは必ず「加熱用」を使う
揚げは一気に短時間で勝負

カキフライは、カキの身にじっくり蓄えられた海の栄養や生命力を凝縮し、それをまるごといただく欲ばりな料理です。普通、カキフライにはタルタルソースを合わせますが、今回は、素材感を生かしてサラダ風に仕上げます。タルタルサラダは付け合わせとしてもとてもおいしいし、カキフライに載せて一緒に食べてもおいしいですよ。

素材 ―生食用、加熱用の違いを知っておく

カキはむき身のパックを買うことが多いが、そこに「生食用」「加熱用」といった表記がある。生食用の方が新鮮なのだろうか……？「カキフライにする場合は加熱用を使ってください」と土井先生は説明する。「生食用は産地で特殊な浄化装置を通してほぼ無菌状態にしたもの。加熱用は殻をむいてそのまま出荷したもので、洗ってないぶんうまみが強く残っています。鮮度に違いがあるわけではありません」。今回は中くらいの大きさのものを、20個使った。

パン粉

―パン粉の水分で素材を蒸し上げに

「おいしいフライを作るには、パン粉の味の良さがすごく大切です。今回は生パン粉を手作りしてみましょう。ふかふかの生パン粉は水分を多く含んでいて、揚げ油に入れるとたくさんの水蒸気の泡を出しながら、素材をふわっと蒸し上げます」。作り方は、6枚切りの食パン2枚を耳の付いたまま大きくちぎり、フードプロセッサーにかけて細かくするだけ。パン粉の細かさを見ながら、フードプロセッサーを1～2秒ずつ断続的に動かしていく。「粗めのパン粉だとサクッとした衣の食感が強まりますし、軽い衣が好みならば細かくします」。

タルタルサラダ

―見た目も味もメリハリを持たせる

次は、カキフライと絶妙のコンビネーションのタルタルサラダ。「少し手がかかりますが、タルタルサラダには料理の基本がいくつも詰まっていますよ」。

まずはゆで卵。タルタルサラダに使うゆで卵は、半熟でも固ゆでもない、卵黄のやわらかさを程よく残すゆで加減が大切だ。今回は、卵3個を水からゆで始め、沸騰から6分30秒で氷水に移して粗熱を取ったものを用意した。「こうすると完全な固ゆでにならず、卵黄の濃い色としっとりした食感が残り、サラダの彩りも味も引き立ちます。鍋の大きさや湯の量、卵の個数などによってゆで時間は変わるので、ご自身の基準を持つようになさってください」。

タルタルサラダの味を決めるのが、玉ネギの辛みを抜いた「さらし玉ネギ」。ポテトサラダ（P13参照）で説明したとおりだが、まず玉ネギ（1個）を5㎜角のみじん切りにし、さらしのふきんに載せ、多めに1つまみ塩をふって茶巾状に絞り、1分ほど優しくもむ。出てきたぬめりと塩分を水で洗い、再びふきんを固く絞って水気を切る。「ほら、玉ネギのかさが最初の7割くらいに減ってるでしょ。これが辛みが水気と一緒に抜けて、程よいうまみが残っている状態です」。

パセリは半束（約40g）を葉の部分だけ細かくみじん切りにし、ふきんに包みぎゅっと絞る。これで余計な水気が取れ、パセリのさわやかな香りが立つ。ピクルス（約40g）は、5㎜角くらいの粒が混じった粗みじん切りにすると、歯切れと酸味がアクセントになる。

スライスしたゆで卵と野菜類をボウルに入れ、マヨネーズ（約160g）と黒コショウを1つまみ加え、底から返すように3～4回ざっくり混ぜる。「混ぜなが

ら『見た目がきれいだな』と感じた瞬間に手を止めてくださいタルタルサラダは混ざりきってないくらいが、見た目も味もメリハリがあっておいしいです」。

カキの下ごしらえ　―水気をしっかりふき取ることが大事

カキを塩水で水洗いする。カキのやわらかな身を泳がすようにさっとすすぎ、指で優しくすくい上げる。

水洗いしたつややかな乳白色のカキを、土井先生はキッチンペーパーを敷いたトレイに一つひとつきれいに並べていく。そして上からもキッチンペーパーをあてがい、いたわるように押さえて水気をふき取る。「この水気の残り具合で、フライの味が全く違ってくるんです。ふき取りが足りないと、衣付けのときに表面の水分がたくさんの粉を吸い付けてしまいます。すると衣が分厚くなりすぎ、カキの風味や食感が生きてこなくなる。とろけるようなカキの身と、サクサクした衣とのちょうど良いバランスを決めるのが、この水気なのです」。

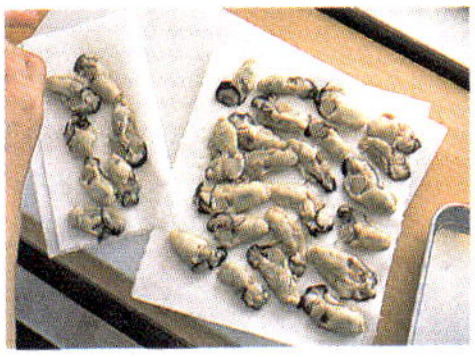

衣付け　―粉はうっすら、卵の滴はよく切る

カキに小麦粉をまぶすと、淡い雪がうっすらとかかったように粉が残る。次に

溶き卵にくぐらせる。「ボウルの内側面に沿って、滑らせるようにゆっくりと引き上げ、ボウルの縁で溶き卵をしっかり落としてください。そうしないとパン粉が必要以上に付きます」。最後にパン粉のボウルに移し、上からもたくさんのパン粉をかぶせてカキを包み込み、手のひら全体でぐっと優しく押さえてパン粉をしっかりくっつける。

揚げる　—一瞬勝負で決まる揚げ具合

衣付けが終わる前に、揚げ油を弱火にかけて温度を上げ始めておく。油の量は揚げ鍋に3cm程度。

水で溶いた小麦粉を用意しておき、少量落として温度を見る。油に少し沈んですぐに浮き上がれば揚げ始めに適した170℃だ。

「以前、マイタケの天ぷらはじっくりと揚げましたが、カキは短時間で揚がります。家で揚げるときはここで『ごはんですよ！』と家族みんなを呼んでください。さあ、いきますよ」

パン粉をまとったカキを入れると、白く細かな泡がじゅわーっと鍋一面に沸き上がる。素材を入れると油の温度は急激に下がるのでいったん火を強め、そして高温になりすぎないよう再び弱火に戻す。火加減はこまめな調整が必要だ。

パン粉がみるみるきつね色に染まっていく。そして泡も大きくなり、揚げる音もパチパチと弾けるような音に変わってきた。

「今が、カキの身が熱で縮み始めて、中の水分が衣の外に出始めた状態。これが過ぎると身がやせすぎ、カキの命であるみずみずしい香りも逃げてしまいます。カキは、ちょうど良い揚げ具合がすぐにやってきます。ここです。パン粉の色も香ばしそうないい感じでしょう。もう引き上げますよ」。今回は約10個のカキで揚げ時間は1分ほどだった。

パン粉がこんがりとしたいい色になれば、素材にも程よく火が通った証拠と土井先生は説明する。「揚げ時間は、揚げる量などによって変わります。引き上げるタイミングは自分の目で見て、『今がおいしそう!』という感覚で判断するのが大事です」。

レシピ

カキフライ

材料(4人分)

カキ(加熱用)	20個
食パン(6枚切り)	2枚
小麦粉	適宜
卵	1個
揚げ油	適宜

作り方

1. 食パンを耳の付いたままちぎり、フードプロセッサーで細かくし、ボウルに入れておく。
2. カキを塩水で水洗いし、水気をふき取り、小麦粉をまぶす。溶き卵にくぐらせ、パン粉のボウルに入れしっかりと付ける。
3. 揚げ鍋に油を170℃に熱し、カキを揚げる。泡が大きくなり、音もパチパチと弾けるような音に変わってきたら、色を見極めて引き上げ、油を切る。

タルタルサラダ

材料(4人分)

卵	3個
玉ネギ	1個
パセリ	半束(約40g)
ピクルス	約40g
マヨネーズ	約160g
黒コショウ	1つまみ

作り方

1. ゆで卵を作り、5mm厚さにスライスする。さらし玉ネギを作る(本文参照)。パセリの葉の部分をみじん切りにし、ふきんに包みぎゅっと絞る。ピクルスは5mm角くらいの粗みじん切りにする。
2. すべてをボウルに入れ、マヨネーズと黒コショウ1つまみを加え、底から返すように3〜4回ざっくり混ぜる。

カニクリームコロッケ

ホワイトソースには時間が必要 短時間で仕上げると粘ってしまう

カニクリームコロッケは、子どもも大人も大好きな洋食の人気メニューです。コロッケの起源はフランス料理ですが、ヨーロッパでは小さな形のものを副菜として添えるのが普通で、それを日本独自の「洋食」の文化がメインのお総菜へと発展させました。

クリームコロッケのおいしさの土台となるのがホワイトソース。上手に作るポイントは、材料の小麦粉にしっかり火を通すことです。そのコツを押さえれば、まろやかに口溶けする納得の味わいが出せるでしょう。コロッケに使うホワイトソースは、俵形に丸めやすいよう硬めに作ります。水分量（牛乳）を増やすことでやわらかく作ればグラタン用に、さらにやわらかくすればクリームシチューのベースになります。

ホワイトソース ――粉に十分火を通すことでおいしくなる

バター、小麦粉、牛乳の3つ――。味わい豊かなホワイトソースだが、その素材は実にシンプルだ。「まずバターと小麦粉を火にかけて『ホワイトルー』を作り、それを牛乳でのばして『ホワイトソース』に仕上げます」と土井先生は説明する。

厚手の鍋を中火にかけ、バター（40g）を入れる。「バターは単に溶かすのでは

なく、必ずしっかり沸騰させてください」。煮立ったバターに小麦粉（40ｇ）を一度に加え、木べらで素早くかき混ぜていく。「バターと粉を一緒に沸騰させ、粉に火を通していきます。混ぜていくと、粉の粘りが急になくなる瞬間があります。ほら、沸騰の泡も小さくなってさらりとしているでしょ。これがホワイトルーになった状態。ここから牛乳を加えてのばしていきます」。

土井先生は用意した2カップの牛乳を、まず5分の1ほど注いだ。液状だったルーがぎゅっと凝固し、やわらかな塊に変化する。それを木べらで手早く練るように混ぜていく。火加減はずっと中火で、思っていたよりも強めだ。

「牛乳でのばしていく段階でも、粉にしっかり火を通し続けます。焦がしてはいけないと弱火で恐る恐る作るとうまくいきません。ルーと牛乳が均一になじみ、沸騰する温度にまで熱くなったところで次の牛乳を加えてください」。

牛乳を加えたらしっかり混ぜて全体をなじませ、それが煮立ったらまた牛乳を加えて混ぜていく。牛乳は全部で5回に分けて入れた。のばしていくに従って、鍋の中はクリーミーなソースへと変わ

っていく。木べらですくうと、とろーりとゆっくり垂れてくるくらいになれば、ホワイトソースの完成だ。

カニの身を加える　―さらに煮詰め、身の水気を飛ばす

ホワイトソースに、適度にほぐしたカニの身（200g）を加える（カニはむき身の冷凍や缶詰でも良い。ほぐすときに軟骨を取り除く）。ここで気を付けなくてはならないのが、カニの身に含まれる水気。これが染み出してホワイトソースがゆるくなると、後でコロッケの形に整えにくくなる。「カニの身の水分はすぐには出てきません。2〜3分ほど煮てソースがゆるくなってから、とろみの加減がもとに戻るまで煮続けてください」。

作り始めからここまで約20分、鍋を混ぜる土井先生の手は休むことなく動き続けている。「牛乳を注いで5〜6分という短時間でソースを作ることもできますが、粘りの強い口当たりになってしまいます。最高においしいホワイトソースを作りたいとなれば、じっくりと十分に火を入れましょう」。

ソースを締める　―しっかり冷やさないと形ができない

できたホワイトソースをバットに流し入れ、表面が乾かないように湿らせたラップでぴったりと覆う。そして土井先生はバットの底を氷水で冷やし、さらに上からも氷入りのバットを載せた。

「これで1時間以上置きます。十分に冷やすことでソースが硬く締まり、コロッケの形に丸めやすくなります。時間に余裕があれば、常温に冷ましてから冷蔵庫に入れておきます。とろみが付いたソースはなかなか冷めないので、前日にここまでやっておくというのも良いでしょう」

トマトソースと副菜

―カニのうまみを引き立てるシンプルな味に

カニクリームコロッケの味わいに相性良く調和するのが、さっぱりとしたトマトソース。鮮やかな赤みが、彩りとしても一皿を引き立てる。「カニの風味を生かすには、シンプルなソースでいただくのが一番です。程よく煮詰めるだけで、難しいプロセスはありません」。

缶詰のホールトマトを鍋に入れてつぶし、とろみが付くまで煮詰めていく。最後に塩と砂糖、コクを出すためのバターを適量加え、好みの味に調える。

また今回は副菜に、ブロッコリーと新キャベツのオイルあえを付け合わせた。少量のお湯を張ったフライパンにブロッコリーとキャベツを入れ、塩（1つまみ）

とオリーブオイル（大さじ1）を加え、ふたをして強火で蒸す。沸騰から1分ほどで蒸し上がるので、揚げたてのコロッケと一緒に出せるタイミングで作るといい。

衣付け

―薄い衣で、あっさりとした味わいに

冷やしておいたホワイトソースは、バットを傾けても全く変形しないほどに締まっている。まずその表面に、ゴムべらでざっと12等分に筋を付ける。そして手のひらにサラダ油を塗り（そうするとソースが手にくっつかない）、一個一個を俵形に丸めていく。丸められていくホワイトソースの硬さは、つきたてのおもちくらいの感じだ。

形ができたら、小麦粉、溶き卵、パン粉の順で衣を付ける。「小麦粉はうっすらかかる程度に、溶き卵の汁気もしっかり切ってください。そうすると衣が適度に薄くなり、あっさりとした軽い味わいに仕上がります」。

揚げる

―衣をこんがり、中は芯までとろりと

揚げ油を火にかけて、温度を上げていく。油の量は直径28cmの揚げ鍋に3cm程度だ。「冷たく締めたホワイトソースを揚げるわけですから、油の温度が高すぎ

ると、表面が焦げているのに中身はまだ冷たいということも起こり得ます。低めの温度（約165℃）で揚げていくと失敗はありません」。

土井先生はまず6個のコロッケを次々と油の中に滑り込ませていく。白い衣から細かな泡がじゅわーっと沸き上がる。「コロッケを入れてすぐは油の温度が下がりますが、加熱によって途中で温度が上がっていきます。揚げ始めから1分半くらいで火を弱め、高温になりすぎないよう調整しましょう」。

コロッケの衣がみるみる黄金色に色付いていく。揚げ時間はだいたい3分弱。土井先生が作ったコロッケの大きさは約3cm×6cmで、衣が程よく色付くと同時に、中身も芯までアツアツにとろけていた。

レシピ

カニクリームコロッケ

材料

ホワイトソース

- バター、小麦粉――各40g
- 牛乳――2カップ

カニ（むき身）――200g（軟骨を除き、適宜さばく）

衣

- 小麦粉――適宜
- 卵――1個
- 生パン粉――適宜

揚げ油――適宜

作り方

1. 鍋にバターを入れて中火にかけ、溶けて泡立ってきたら小麦粉を振り入れて、木べらで絶えず混ぜながら炒りつける。小麦粉がなじんできたら牛乳を少しずつ加えていき、木べらでよく混ぜ続ける。全体がなめらかに混ざり合ったら、また牛乳を少し加えて混ぜる。煮立てながらだまにならないように少しずつ牛乳を加え、泡立てながら火を通すことで質の高いホワイトソースができる。
2. 1にカニを加えて混ぜ、2〜3分煮詰めて水分を飛ばし、まとめやすい濃度になったら火から下ろし、なめらかに混ぜ合わせる。
3. 2をバットに流し、湿らせたラップフィルムを生地の表面にぴったりかぶせ、完全に冷めるまで置く。
4. クリームコロッケ生地を12等分し、手に薄くサラダ油（分量外）を塗って俵形にまとめる。
5. 小麦粉、溶き卵、パン粉の順につけて165℃の油でからりと揚げる。

トマトソース

1. 缶詰のホールトマトを鍋に入れてつぶし、とろみが付くまで煮詰めていく。
2. 最後に塩と砂糖、コクを出すためのバターを適量加え、好みの味に調える。

ブロッコリーと新キャベツのオイルあえ

少量のお湯を張ったフライパンにブロッコリーとキャベツを入れ、塩（1つまみ）とオリーブオイル（大さじ1）を加え、ふたをして強火で約1分蒸せば出来上がり。

ビーフシチュー

市販ルーを使わない感動のおいしさ
そのすべては煮込む前に決まる

一般に豚肉や鶏肉には白いソースを合わせることが多く、牛肉には濃厚な茶色いソースを合わせます。この茶色いソースを作るのに、洋食屋さんなどでは、焼き焦がした子牛の骨を何時間も煮込んで作る「フォン・ド・ボー」というだしを使うなど、相当な手間をかけます。でもそこまで手をかける方法は家庭には向かないでしょう。

今回のレシピの狙いは、一般的な家庭の調理時間の中で、色良く濃厚なソースを作ること、そして牛肉も単にやわらかいだけではなく、素材本来の味わいを生かすことです。シチューの味は、煮込み始める前に決まります。肉を焼く、玉ネギと小麦粉を炒めて火を通す、ワインを煮詰めるなどの各段階を、それぞれ完成した一品の料理を作るつもりで仕上げることがポイントです。

下ごしらえ　―振り塩で肉のうまみを凝縮する

土井先生が用意したのは、一塊の牛ばら肉（600g）。ばら肉は、筋の強いすね肉などに比べ、短時間でやわらかく煮込むことができる。ばら肉の中でも赤身が肉厚で脂肪の少ない部位の方が、シチューの味がくどくならない。

まず牛肉を1・5cm厚さに切り分ける。「大きなお肉をフォークとナイフを使って食べるシチューもありますが、その場合は3時間くらい煮込まないと肉がやわらかくなりません。1・5cm厚さに切り分けておけば1時間ほどでやわらかく煮え、煮込み時間が短いことからお肉本来の味わいもしっかり残ります。また、お肉を食べるときのボリューム感も十分出ます」。

切り分けた牛肉に、塩を6g（肉の重量の1%）とコショウをまんべんなく振って冷蔵庫で30分から1時間置いておく。振り塩は、肉に浸透して下味になると同時に、肉の水分を適度に外に引き出してうまみを凝縮させる働きがある。

玉ネギ（1個）は2～3cm角のざく切り。ニンジン（1本）は約1cm厚さの輪切り、ジャガイモ（4個）は2つ切りにする。ブロッコリー（2分の1房）は小房に分けておく。

牛肉を焼く

焦げ目がソースの香ばしさに

振り塩をしておいた肉は、赤身の色が一段と濃

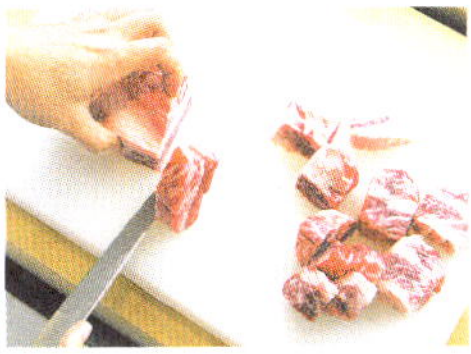

くなっている。肉の表面に染み出た水気をキッチンペーパーで丁寧にふき取ってから、フライパンにサラダ油（大さじ1）を敷いて強火で肉を焼く。土井先生は、肉の表面に焦げ目が付くまで、かなりしっかりと焼いていく。

「ちゃんとしたステーキを作るように、両面がこんがりと濃く色付くまで焼き上げます。この焦げ目が、後で煮込んでいくときにソースの香ばしさになります」。肉が焼き上がったら、煮込み鍋の中に移しておく。

玉ネギと粉を炒める

――粉に火を通し、まろやかなとろみを

次にフライパンにサラダ油を補って玉ネギを入れ、きつね色になるまで強火でしっかりと炒める。玉ネギは、ソースの色と甘み、コクを加える役割だ。

玉ネギが色付いたらいったん火を弱め、そこにバター（15g）を焦がさないように溶かして、小麦粉（大さじ4）を加える。このバターと小麦粉が、ソースにとろみを加えるルーとなる。「ここからさらにかき混ぜながら強火で加熱を続け、粉にしっかり火を通すことが、おいしいルーを作るための特に重要なポイントです」と土井先生は強調する。

ここで加熱が中途半端だと、小麦粉のでん粉質が粘って粉の粒子同士がくっつき合い、それがソースの中でダマの状態になって舌触りにムラが出てしまう。小

麦粉をバターで十分に炒めることで、粉の粒子一つひとつが油に覆われた状態になって均一に分散し、きめ細かなとろみのソースに仕上がる。

粉を加えてから3分ほど炒めた後、トマトケチャップ（3分の2カップ）を加え、混ぜながらさらに加熱を続ける。ケチャップはソースの甘みと、色付けの役割もある。しばらく炒めて鮮やかな赤が茶色っぽく変わったところで、煮込み鍋に移す。

ワインを煮詰める　――シチューの味は、煮込む前に決まる

煮込み鍋を強火にかけた後、土井先生はワインや水をすぐに加えずに、鍋の中の材料を炒め続けていく。

「前にも出ましたが、これはフランス料理で『スエ（汗の意味）』と呼ばれる工程で、煮込む前にしっかり加熱して余計な水分を飛ばし、素材のうまみを引き立たせます。そして粉にもさらに深く火が入ることで、まろやかで味わい深いソースに仕上がります」

鍋の中で3～4分炒めた後、赤ワイン（2カップ）を加える。赤ワインはソースのコクと色になる主役で、煮詰めることで発色が良くなる。強火でしばらく煮ていくと、濃い色に煮詰まったワインと素材から溶け出した焼き色とが混じり合っ

て、鍋の中が濃厚な褐色へと変わっていった。

「ほら、見るからにおいしそうでしょう。シチューの味は、本格的に煮込む前のこの段階までにもう決まってしまうのです。材料を切って鍋に入れ、一緒に煮込んでいけばおいしくなる、というわけではありません。肉や玉ネギに焼き色を付ける、粉に火を通す、ワインを煮詰めるという、それぞれの素材と調理の仕方には明確な役割と理屈があります。その各段階をきちんと仕上げることで、ソースの本当のおいしさが作り出せるのです」

煮込む

—野菜は別にゆで、途中で合わせる

ワインだけで数分煮込んだのち、鍋に水（3カップ）を加えて、ここから本格的に煮込んでいく。

味を補うための固形スープの素（1個）と、ローリエ（2枚）、タイム（小さじ1）を入れ、鍋のふたを少しずらした状態にして弱火で40分ほど煮込んでいく。途中でときどきふたを開け、あくをすくい取る。

この間に、別の鍋でジャガイモとニンジンをゆでる。中まで火が通りながらも表面が煮崩れしないよう、水から約20～30分煮る。併せてブロッコリーもやわらかくゆでておく。

約40分煮込んだシチューの鍋は、煮汁の量が最初の6～7割ほどに減っている。とろみを帯びた褐色のソースが、香り豊かな湯気を立てながらクツクツと煮えている。

「肉の中にも十分火が通った状態です。お肉は火が通った直後が最も硬く、さらに煮込んでいくと再びやわらかくなっていきます」。ここでゆでておいたジャガイモとニンジンを鍋に加えて軽く混ぜ合わせ、あと15分ほど煮続ける。煮込みが終わったら、ブロッコリーを加え、出来上がりだ。

ソースの濃厚な色合い、肉と野菜の存在感。口に運ぶと、香ばしくてまろやかな味わいが舌の上に広がる。かみしめると牛肉の濃いうまみがとろけ出し、ソースの風味とからみ合って、口の中全体にあふれるようなおいしさが満ちていった。

レシピ

ビーフシチュー

材料

牛ばら肉(塊)	600g
玉ネギ	1個
ニンジン	1本
ジャガイモ	4個
ブロッコリー	1/2房
小麦粉	大さじ4(約25g)
トマトケチャップ	2/3カップ
赤ワイン	2カップ
水	3カップ
固形スープの素	1個
ローリエ	2枚
タイム	小さじ1
塩、コショウ	各適宜
バター	15g
サラダ油	大さじ1

作り方

1. 牛肉は1.5cm厚さに切り分け、全体に塩(肉の分量の1%くらい)コショウして、30分ほど置く。玉ネギは2～3cm角にざく切り。ニンジンは皮をむいて1cm厚さの輪切り。ジャガイモは2つ切りにして、皮をむく。ブロッコリーは小房に分ける。
2. フライパンにサラダ油大さじ1を熱し、1の牛肉を強火で焼き、焼き色が付いたら煮込み鍋に移す。
3. 2のフライパンにサラダ油を補い、玉ネギを入れて強火で炒め、焼き色が付いたら、バターを足して小麦粉を加えてさらに炒め、ケチャップを加えて炒りつけ、煮込み鍋に移す。
4. 煮込み鍋に火を入れて、肉と玉ネギをなじませ、赤ワインを加えて煮る。水を加えて、固形スープの素、ローリエ、タイムを入れ、約40分ふたをずらして煮込む。
5. ジャガイモとニンジンは、水から約20～30分やわらかくゆでる。ついでブロッコリーもゆでる。
6. ジャガイモ、ニンジンを4に入れて15分ほど煮込む。味を見て塩を補う。仕上げにブロッコリーも加えてなじませる。

*仕上げは味を見て酸味が強いようであれば砂糖を大さじ1加えておさえ、塩を補う。またバターを加えてコクを出してもよい。

クラムチャウダー

好みで味を楽しめるよう スープの味付けは7割程度に

クラムチャウダーはアメリカ東海岸北部の名物料理で、日本でもなじみのスープ料理として定着したようです。調理のポイントは火を通す手順。まず貝を蒸して、うまみをたっぷり含んだ汁を出します。次にその汁で野菜をやわらかく煮込んで、スープのベースを作ります。最後にこれを牛乳でのばし、貝の身を加えて温めるという手順です。そうすることで、貝の身がやわらかく、風味豊かに仕上がります。またジャガイモの使い方もポイントです。切ってから水で洗わず、そのまま煮込むことで、スープが程よいとろみとなって素材のうまみをまとめてくれます。

召し上がるときに、オリーブ油や粉チーズ、コショウを好みで加えて、味の変化を楽しんでください。半熟卵をスープの浮き実として加えれば、より満足感ある一品になりますよ。

下ごしらえ ―野菜は渾然一体となるよう切りそろえる

厨房に用意されたハマグリ。丸々とした殻が美しい模様で彩られ、濃厚なうまみをその中に蓄えていることが見るからに伝わってくる印象だ。「今回は素材に旬のハマグリを使いますが、もちろんアサリでも結構です。春になったら多くの

貝類が旬を迎えますから、季節のおいしい素材を使ってください」と土井先生は説明する。まずハマグリ（600g）を塩水に数時間浸して砂抜きをしておく。そして流水にさらしながら両手で貝をこすり合わせ、表面の汚れをしっかりと洗い落とす。

ニンジン（100g）とジャガイモ（200g）は、5㎜角くらいのあられ切りにする。玉ネギ（100g）とネギ（1本・80g）は粗みじん切りに、ニンニク（1片）とパセリは細かいみじん切りにする。切り分けられた野菜は、本当にたっぷりの量だ。「普通、ジャガイモは切ってからさっと水で洗いますが、この料理では洗わずにそのまま煮込みます。そうするとジャガイモのでん粉質がスープに溶け込んでとろみとなり、ハマグリや野菜のうまみを一つにまとめて、うれしい口当たりになります」。

貝を蒸す

しっかり沸騰させ、うまみを引き出す

次に貝のスープを取る。洗ったハマグリと水（1カップ）を鍋に入れ、ふたをして中火にかけて

蒸す。土井先生は耳をそばだてるように、鍋の中の音を聞いている。「十分に沸騰したらコトコトと貝が揺れる音がします。やがて殻が『ポン』と開く音がするので、そこまで火が通れば十分です」。

ふたを開けると、ハマグリの豊かな香りを含んだ湯気がふわーっと立ち上った。ボウルの上にざるを置き、そこに鍋の中身をざっと移す。この蒸し汁が、スープのうまみの素となる。そしてハマグリの身を殻から外し、身はすぐに蒸し汁の中に浸して置いておく。

野菜を煮込む

──焦がさず炒め、10分間でとろりとさせる

鍋にサラダ油（大さじ1）とバター（10g）を入れて中火にかける。バターが溶けたら、みじん切りにしたニンニクを加えて炒める。ニンニクの香りが出たらネギ、玉ネギ、ニンジンの順で鍋に入れ、塩を軽く1つまみ加えて混ぜながら炒めていく。「後で加えるハマグリの蒸し汁にも海の塩分が含まれていて、また野菜は加熱によってかさが減るので、ここで塩加減を濃くしすぎないよう気を付けてください」。

野菜がしんなりして全体がなじんだら、とろみを足すための小麦粉（10g）を加えて炒める。その後で、ジャガイモを入れて混ぜ合わせる。「カレーを作ると

きのように、しっかり炒める必要はありません。炒めすぎると焦げがスープを茶色くするばかりか、口当たりも損ねてしまいます。またジャガイモはでん粉質が粘って焦げやすいため、最後に混ぜ合わせる程度にします」。

野菜を混ぜ炒めたところに、香り付けの白ワイン（2分の1カップ）を加え、それが煮立ったらハマグリの蒸し汁を加える（加えるのは蒸し汁だけで、ハマグリの身は皿などに取り置いておく）。

ここから野菜を煮込んでいく。鍋の底や縁に付いたでん粉質を木べらでこするように落とし、煮込んでいる最中に焦げ付かないようにする。そうしてから、ふたをせずに中火で10分ほど煮込む。

10分ほどたつと、煮汁が濃いとろみを帯びてクツクツと煮えている。「ここで味見をして、野菜が十分にやわらかくなっているか確認してください。これでスープのベースが完成です。もし作り置きする場合は、この段階で保存しておくことができます」。

牛乳でのばす
—ハマグリは温める程度にとどめる

野菜を煮込んだスープのベースに、牛乳（1・5カップ）を加えてのばす。

牛乳を加えて2～3分ほど煮たら、ハマグリの身とパセリを入れる（ハマグリの

身が大きい場合は、半分に切っておくとスプーンで食べやすい)。

「ハマグリの身は最初に蒸したときに火が入っているので、ここでは温める程度で十分です。スープがグラッときたタイミングで出来上がりです。これで十分においしくいただけますが、お好みでもう少し濃厚にしたいときには、仕上げに生クリームをプラスすると良いでしょう。召し上がるときに生クリームを少し垂らしても良いです」

スープの楽しみ
—自分好みの味を作る面白さ

できたてのクラムチャウダーを口に運ぶと、貝のうまみと牛乳のコクが一体となって、やわらかな野菜がとろけるようだ。

土井先生はテーブルに、調味のためのオリーブ油とパルメザンチーズ(粉チーズ)、コショウを用意した。まずオリーブ油を少し垂らしてみると、特有のフレッシュな香りが口の中に広がる。「オリーブ油の香りをこれだけ鮮やかに感じることもあまりないでしょう」と土井先生が言うように、本当にスープの風味が一変した印象だ。

次にパルメザンチーズを振りかけると、その濃厚な味がスープのおいしさを引き立て、さらにコショウのスパイシーさが風味を引き締める。味わいの景色が変

わり、一口一口に飽きることがない。「スープの味付けは、最初は7割程度で良いです。あとは自分の好みで味付けすることが、食べる楽しみにもなります」。

土井先生はさらに途中で、半熟卵をクラムチャウダーの浮き実として入れた。

「ちょうどお雑煮におもちを1つ足すような感じですね。半熟卵は殻をむいて、お湯につけて温めておきます。もちろん最初からスープに入れても良いです」。

やわらかな卵をスプーンの縁で押すと、半分に割れて黄身がとろりと流れ出す。新たな味わい深さがまた加わり、食べ応えも出る。

「今回のクラムチャウダーはうまみが濃くて野菜もたっぷり入っているので、パンを添えるだけで十分にメインメニューになります。小さな器でサイドメニューにするときは、ハンバーグなど肉料理に合わせると良いでしょう。その場合、今回の分量は8人分くらいにあたります」

レシピ

クラムチャウダー

材料(4人分)

ハマグリ――600g
水――1カップ
ニンジン――100g
玉ネギ――100g
ネギ――1本(80g)
ジャガイモ――200g
ニンニク――1片
サラダ油――大さじ1
バター――10g
小麦粉――10g
白ワイン――1/2カップ
牛乳――1.5カップ
パセリ――適宜
＊お好みで
半熟卵、パルメザンチーズ、オリーブ油、コショウ

作り方

1. ハマグリは、砂出し後、洗う。鍋にハマグリ、水を入れ、ふたをして中火にかける。ハマグリが開いたら身を取り出し、残った蒸し汁に浸しておく。ニンジン、玉ネギ、ネギ、ジャガイモはあられ切り(5mm角)かさいの目切り(1cm角)に細かく切る。ニンニクとパセリは細かいみじん切りに。
2. 鍋にサラダ油、バターを入れ、ニンニクを炒めた後、ネギを加え、香りを出す。玉ネギ、ニンジンを加え、なじんだところに小麦粉を入れて炒め、ジャガイモ、白ワインを入れて煮立て、蒸し汁を加える。10分ほど中火で煮る。
3. 牛乳を加え、2〜3分ほど煮て、ハマグリの身とパセリのみじん切りを入れて火を止める。温めておいた器に盛り、お好みで半熟卵を入れる。

＊テーブルに、オリーブ油、パルメザンチーズ、コショウを添える。

おでん

牛すじなど"だし"の出る素材をひとつ味の深みが断然違います

関西ではおでんのことを昔から「関東炊き」と呼んでいますが、関東風の濃いだし汁で煮て具にうまみを含ませるお料理です。調理のポイントは〝しっかりとうまいだし〟を作ること。おでんだしは非常に簡単にできますし、作りたてのだしはうっとりするようなかぐわしい香りが立ちます。そしてそのだしに、牛すじなど濃いうまみの出る素材を加えて煮ます。今回は牛すじとともに「ころ」を使いました。「ころ」とはクジラの皮の乾物で、最近は珍しいものになりましたが、以前関西ではおでんに入れる一般的な食材でした。

だし汁はたっぷりと用意し、時間をかけて煮ることが大切。昔はふたの付いたアルマイトの鍋をストーブにかけて、ゆっくり煮たものです。そんなに時間をかけられない場合は、1時間半ほど煮て火から下ろし、翌日にまた1時間ほど煮れば良いでしょう。前日に下煮をしておけば一層味が染みます。

おでんだし

――あくを取り、しっかり沸騰させれば澄んだ色に

おでんの大きな魅力は、あつあつの具に染み通っただしの深い味わい。「おでんは、お料理の分類としては『含め煮』に入ります。まずうまみのしっかりした

だし汁を作り、そのだしの中で時間をかけて具を煮込んでうまみを含ませるわけです」と土井先生は説明する。

「おでんだしの作り方は、水と材料を全部鍋に入れて火にかけるだけ。簡単極まりないのですが、『こんなおいしいだしが家でできるんだ』と感動するくらい素晴らしい風味になりますよ。ぜひ自分で作ってみてください」。まず鍋に水（15カップ）、薄口しょうゆ（1カップ）、砂糖（2分の1カップ・約65g）、酒（2分の1カップ）、サバ・イワシの削り節（50g）、昆布（10cm角を2枚）を全部入れて強火にかける。サバ・イワシの削り節を使うのは、だしの味を深く強くするため（無い場合は削りガツオを多めに使う）。

汁の量がたっぷりなので、強火でも沸騰するまでにけっこう時間がかかる。

「こうして穏やかに温まっていくうちに、サバやイワシの削り節と昆布からうまみがじわりと出てくるんです。そして煮立ち始めたら、表面に浮かんだあくをおたまで寄せ集めながらすくい取ります。きちんとあくを取りながら、しっかり沸騰させることで、色の澄んだすっきりした味わいのお

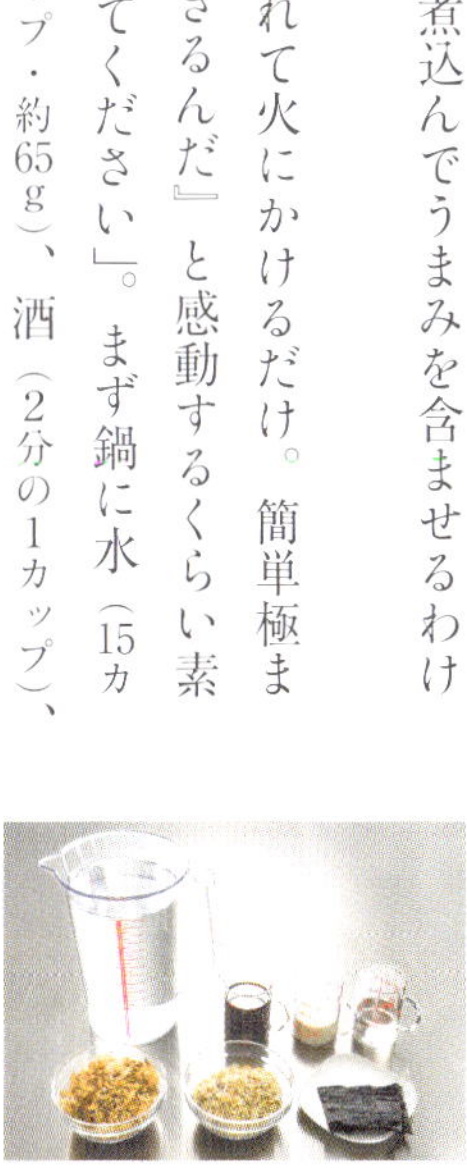

でんだしができます」

具の下ごしらえ

―うまみの濃い素材も入れると、だしに深みが出る

「おでんは、牛すじ肉などうまみの濃いだしが出る素材を入れるとおいしくできます」。土井先生は今回、うまみを出す素材として牛すじとクジラの皮の乾物の「ころ」を加えた（牛すじだけでももちろん構わない）。

主な具の下ごしらえは次の通りだ。

牛すじ　牛すじ肉（400g）は生のままだと切りにくいので、熱湯で1～2分湯がいてから水洗いして、食べやすく切って竹串に刺す。

きんちゃくもち　薄揚げ（2枚）を半分に切り袋状に開く。もち（小）を半分に切って薄揚げの中に入れ、かんぴょうで結ぶ。かんぴょうは水にぬらしてしっかり塩もみし、やわらかくなったら水洗いする。このようにすると弾力が出て結びやすい。

大根　800gの大根を8等分の輪切りにして皮をむく。米の研ぎ汁で透き通るくらいに固ゆでし、水に取って洗う（米の研ぎ汁は沸騰の温度が高いので、大根がやわらかく煮える）。

今回はこれらのほかに、こんにゃく、豆腐の絹揚げ（厚揚げ）、焼きちくわ、ゴ

ボウ天、卵を具にした（特別な下ごしらえはないので、分量などはレシピを参照）。絹揚げ、ゴボウ天など揚げ物は、煮る前に必ず〝油抜き〟をする。土井先生はそれらの具をざるの上に並べ、上から熱湯を何度か回しかけた。

「こうしてそれぞれの具をあらかじめ湯に通すことで油の雑味が流れ落ち、だし汁の味わいをすっきりできます。また具にだしの味が染みやすくなり、口当たりもやわらかくなります」

煮込む ―まとめてたくさん作る方が断然おいしい

いよいよおでんを煮込む。「おでんはたっぷりのだしを使って、まとめてたくさん作った方がおいしい。だから今回のレシピも、6~7人分と多めにしています。鍋はどんな種類でも結構ですから、一番大きなものを用意してください」。鍋にきんちゃくもち以外の具を入れた後、おでんだしをさらし布でこして注ぐ。

鍋を強火にかけ、沸騰したらあくをすくい取る。火を弱めてふたをして、ここから3時間じっくりと煮込んでいく。途中、2時間煮込んだ段階できんちゃくもちを鍋に加えて1時間煮る。「今回のおでんは煮崩れする具がないので、つゆがにごる心配はありません。そのまま火にかけておけばおいしく煮上がります。好みではんぺんを入れる場合は、煮上がる30分前に鍋に加えます。ジャガイモを入

れる場合は、固ゆでしてから皮をむき、具の上の方に載せてゆっくり味を含ませます。イモの種類はメークインの方が煮崩れしにくい。途中1時間ほど煮てから加えるとよいでしょう。強い火で煮立てず穏やかにゆったりと煮ると崩れにくいものです」。

練りがらし ——しっかり練って辛みを引き立たせる

おでんに欠かせないのが練りがらし。「自分でしっかり練ったからしはすっきりした強い辛みが効いて、おでんの味わいを引き立てます」。湯飲みなどの口の小さい器に粉がらしを入れ、少量の湯を加えて溶き、割り箸で力を入れて素早く練っていく。粉がらしは、からし菜の種を粉末にしたもので、細胞の中に辛み成分が含まれている。

「まず硬めに溶いてしっかり練るのがコツ。そうすると細胞が壊れて辛み成分が出て、本当に涙が出るくらいツンとくるようになります。そうして十分に辛みを立たせた後で、器を伏せてしばらく置きます。そして食べるときに湯でやわらかくゆるめると、上品な口当たりになります。最初からやわらかく溶いてしまうと、しっかりと練れないので辛みが立ちません」

3時間煮た鍋の中は、穏やかに煮立つ汁の中であめ色に染まったおでんの具がふんわりと膨れ、豊かなだしの香りを漂わせている。器に取り分けたあつあつの絹揚げや焼きちくわを口に運ぶと、コク深い風味のつゆがじゅわっと染み出してくる。こんにゃくも中まで味が染み通り、牛すじはとろけるような口当たりだ。濃いうまみでありながらも全くくどさがなく、素材の味わいも引き立っている。そして、からしのさっぱりした辛みが、具のふくよかなおいしさとのコントラストを奏でる。

「おでんの大根には、七味唐がらしを付けてもおいしいですよ」と土井先生が教えてくれた。試してみると、うまみをたっぷり含んだホクホクの大根にピリッとした辛みが加わり、体の芯までじんわりと温まってくる感じだ。寒い季節ならではの、おでんの味わい深さを堪能した。

レシピ

おでん

おでんだし（6～7人分）

薄口しょうゆ――1カップ
砂糖――1/2カップ（約65g）
酒――1/2カップ
水――15カップ
サバ・イワシの削り節――50g
昆布（10cm角）――2枚
練りがらし――適宜

おでんの具

ころ：適宜。戻したもの。
牛すじ：400g。湯通しして水に取り洗い、食べやすく切って、竹串に刺す。
こんにゃく：1枚。三角に切って厚みを2枚にする。熱湯で2～3分ゆでる。
豆腐の絹揚げ：2枚。湯通しして油抜き。三角に切る。
大根：800g。8等分の輪切りにして、皮をむき、あれば米の研ぎ汁で透き通る程度に固ゆでする。その後、水に取り洗う。
焼きちくわ：2本。斜めに2つ切り。
ゴボウ天：2本。湯通しして、油抜き。斜めに2つ切り。
卵：4個。固ゆでにして、殻をむく。
きんちゃくもち：薄揚げ2枚、もち小4個、かんぴょう適宜。薄揚げを2つに切り、袋状にしてもちを入れ、洗って塩もみしたかんぴょうで結ぶ。油抜きをして、おでんを2時間ほど煮たところに、後から入れる。

作り方

1. おでんだしは、材料のすべてを鍋に入れて強火にかけ、煮立ったらあくを取り、布ごしをする。
2. 鍋に具を入れて、おでんだしを加えて火にかけ、煮立ったらあく取りして火を弱め、ふたをして、3時間ほど煮込む。

ブリ大根

ブリの下処理だけをしっかりとすれば生臭みのない理想の味になる

冬の旬の味覚が凝縮した「ブリ大根」は、本来、ブリの頭やカマの部分などのアラを使う料理ですが、今回は切り身でできるレシピを紹介します。切り身だけの方が扱いやすく、しかも食べやすい。何よりアラに比べて鮮度が落ちにくいという利点もあります。切り身だけでもアラと同じようにおいしく作れるので、魚料理が得意な方はもちろんのこと、魚料理はちょっと苦手と感じる方にも、手軽に作れる一品です。

ブリ大根は居酒屋などでもよく見かける人気メニューですが、実際はとても作りやすい家庭料理。ブリと大根を大ぶりに切って鍋に入れ、そのまま水煮して、味付けをして煮込むだけ。大根はこの季節ならではの丸大根を使いましたが、おいしい大根であれば何でも結構です。冷蔵庫に大根、ショウガがあれば、ブリを買うだけで、冬ならではの滋味あふれる一品が作れます。

下ごしらえ　—ブリを熱湯に入れ水洗い。これだけは丁寧に

冬のたっぷりと脂の乗ったブリの切り身は弾力があり、旬の食材ならではの独特の力に満ちている。「生で食べる刺身であれ、熱を通す煮魚であれ、魚は鮮度

が命。行きつけの魚屋さんで新鮮なブリを買いましょう」と土井先生は説明する。
「魚嫌いの人がよく『魚は生臭い』といいますが、新鮮な魚をきちんと調理すれば生臭さはありません。一度でも生臭い魚料理を食べてしまうと、やはりどうしても魚好きになるにはちょっと難しい。家庭での魚料理は将来にわたって子どもの好き嫌いに影響するので、できるだけ新鮮な魚を買うよう心がけましょう」

まずはブリの切り身（3～4切れ・600g）をそれぞれ2～3等分し、熱湯が入った鍋の中に少しずつ入れていく。熱湯から引き上げるのは、しゃぶしゃぶのようなタイミング。「ゆでる」のではなく、あくまでも「熱湯にくぐらせる」という程度。身の表面がうっすらと白っぽくなったところで網じゃくしに取り、水を満たしたボウルの中へと移す。さらに流水で一つずつ丁寧に洗って表面のうろこや内側の血合いを取り除く。

「ブリ大根は意外に簡単にできますが、この湯通しをして水洗いをする工程は、丁寧に行ってください。目で見て、手で触って、舌触りを想像しながら、異物感があるものはこの時点で取り除きま

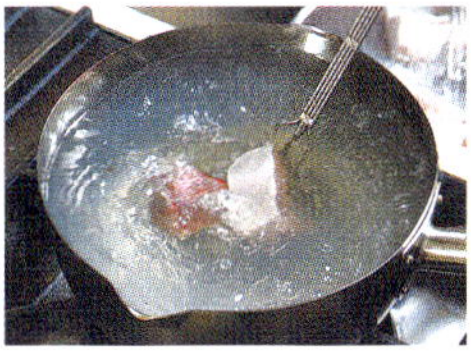

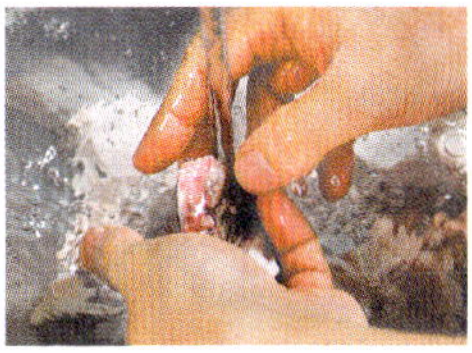

す。魚料理のポイントは、新鮮な魚を買うこと、丁寧な下処理をすること。この2点さえできれば、生臭みのないおいしい魚料理の完成は目前。あとは魚を煮るだけです」

煮る

まずはみりんと砂糖だけで煮始める

鍋にブリ、ぶつ切りした大根（800〜900g）、ショウガの薄切り（50g）を入れ、かぶるくらいの水（約6カップ）を加え強火にかける。

「今回は丸大根を使いましたが、もちろん普通に家庭にある青首大根でも構いません。皮にも独特のおいしさがあるので、大根やショウガは皮付きのままを、よく洗って使います」。

沸騰するにしたがって少しずつあくが浮いてくるので、丁寧にすくい取る。おたまにすくったあくは、ついぞんざいにそのまま流し台に捨ててしまいがちだが、土井先生はあくをすくうと、用意しておいた水を入れたボウルにおたまを入れ、あくを放つ。こうすることで、おたまの裏側についたあくが、再度、鍋の中に戻

ることがない。また何より一連の動作が美しく、無駄がない。

あくを取ったところでみりん（大さじ4）と砂糖（大さじ6）を加える。「味はしっかり濃いめにつけることで、家庭のブリ大根らしくなります」。注意すべき点は、このときまだしょうゆは入れないこと。「砂糖は分子の大きさが他の調味料よりも少し大きく素材の中に入りにくいため、一番先に入れて味を含ませるのです。しょうゆは液体ですぐ素材になじんでしまうので、後から別に加えた方が、全体的に調和の取れた、まろやかな味わいに仕上がります」。まずはみりんと砂糖だけを加え、火を強火から中火に弱め、約10分ほど煮る。

ここで使用するのが水でぬらした落としぶた。鍋のふたではなく、落としぶたでなくてはいけない理由とは。「落としぶたをすることで熱の対流が良くなり、まんべんなく素材に火が通り、味を含みやすくなります。煮汁の中で素材が動くのを防ぐので、煮崩れもしにくくなります。野菜用と魚用、2種類あると便利です」。木の落としぶたに書かれた「魚」という文字が、ふつふつと沸騰した煮汁に揺れ、調理する楽しい気分を引き立てる。

煮込む —甘みを含ませてからしょうゆを加える

素材に甘みを含ませたところで、しょうゆ（4分の1カップ）を加え、再び落と

しぶたをして20分ほど煮る。「ここまでくれば後はただ煮込むだけですが、時おり、あくを取り、煮汁を全体に回しかけてください。こうすることで煮上がった瞬間も、また少し時間がたって冷たくなっても、よく味の染みたおいしいブリ大根が出来上がります」。

箸が大根にすっと入るくらいにやわらかくなったのを確かめて、落としぶたを外して煮詰めていく。

このころには、煮汁もぐっと減っている。土井先生は時おり片手で鍋を少し傾け、おたまで煮汁をすくい取り、全体に回しかける作業を何度も繰り返す。煮汁を一かけするたびに、ブリと大根に独特の照りが出て、少しずつおいしそうな色に染まっていく。

その後、たまりじょうゆ（4分の1カップ）を加え、さらに20分ほど煮る。「しょうゆは入れるタイミングによって、味も香りも違ってきます。しょうゆとたまりじょうゆを入れるタイミングをずらすのは、浸透圧によって、より調味料が素材に入りやすい状態となるから。たまりじょうゆを使うと色も味もより深く仕上がりますが、しょうゆだけでもかまいません。このときもやはり同量を2回に分けて加えてください」。

最後の仕上げに加えるのも、しょうゆ（大さじ1）。

「この一さじで、よりしょうゆの香りがさえ、生じょうゆのフレッシュなおいし

さがプラスされます」

すでにキッチン全体には、しょうゆの香り高い、おいしそうな煮魚のにおいが漂っている。

できたてのブリ大根を味わうと、魚本来のうまみ、大根のほのかな甘み、ショウガのキリッとした香味が渾然一体となる。それぞれの素材が際立ち、かつ互いの個性を引き立て合う。

「煮上がった瞬間もいいけれど、少し時間がたって味の染みたブリ大根もおいしいものです」と土井先生。まさに家庭料理ならではの味わいだ。

レシピ

ブリ大根

材料(4人分)

ブリの切り身(はら、カマ)——3〜4切れ(600g)
大根——800〜900g
ショウガ——50g
煮汁
水——約6カップ
みりん——大さじ4
砂糖——大さじ6
しょうゆ——1/4カップ
たまりじょうゆ——1/4カップ
しょうゆ(仕上げ用)——大さじ1

作り方

1. ブリの切り身は2〜3等分し、熱湯に入れて身の表面が白っぽくなったら網じゃくしで水に取る。
2. そのまま流水でアラを洗ってうろこや血合いをきれいに洗い落とし、ざるに上げて水気を切る。
3. 大根はそのまま皮付きのまま大きくぶつ切りにする。ショウガは皮付きのまま薄切りにする。
4. 鍋に2のブリと大根、ショウガを入れ、かぶるくらいの水を加えて強火にかける。
5. 煮立ったら、あくや泡をすくい取り、みりんと砂糖を加え、水でぬらした落としぶたをして中火で10分ほど煮る。
6. しょうゆ1/4カップを加え、再び落としぶたをして約20分煮る。この間、ときどきあくを取り、煮汁を全体に回しかけて味を含ませる。
7. しょうゆがなじんだら、たまりじょうゆ1/4カップを加え、20分ほど煮る。最後にしょうゆ大さじ1を入れて仕上げる。器に入れ、煮汁を回しかける。

ローストチキン

**チキンは常温に戻し下準備
オーブンも何度も開けないこと**

ローストチキンは華やかなおもてなしのお料理です。調理としてはオーブンでシンプルに焼くだけですが、レストランで使う大型のオーブンとは違って、家庭の小型オーブンで焼く場合には何度も扉を開けると庫内の温度が下がってしまい、肉の中まで火が通らないこともあります。扉をあまり開けずに、高温を保ってしっかり焼くことが大切です。

そしてぜひ今回マスターしていただきたいのがチキンのさばき方です。下手に切るとばらばらのこま切れになってしまいますが、ポイントを押さえれば、肉を骨からはがすように簡単に形良く取り分けられます。家族とテーブルを囲む中で1羽のローストチキンを手際よくさばけば、きっとお父さんの株も上がりますよ！

下味 ―塩をなじませ、素材全体を常温にする

まずローストチキン用の鶏肉（1羽）に塩を振る。1・5kgの鶏肉に対し塩は15g（鶏肉の重量の1%）とかなりたっぷりだ。表面にまんべんなく振りかけ、内臓を除いた内側にも塩をまぶす。次にコショウを同様に振っておく。「そのまま室温で1時間ほど置いて、鶏肉に塩を染み込ませます。ここで冷蔵庫に入れてし

まうと、温度が低すぎるため中まで塩が浸透しません」。
そしてロースト料理の要点は、素材の中まで均一に火を通すこと。「冷蔵庫から出してすぐ冷たいまま焼くと、表面だけ焼けて中まで火が通らない原因になります。焼く前に時間をかけて素材全体を常温に戻しておくことが、大きな塊を焼くローストチキンの場合は特に大事です」。

詰め物

もちもちのご飯は肉汁との相性がいい

1時間ほど置いた鶏肉の表面には水気が染み出ている。水気があると香ばしい焼き色が付かないので、キッチンペーパーで丁寧に押さえるように水分をふき取る。

次に鶏のおなかに詰め物を入れる。「詰め物をして焼くと、それがもう一品のごちそうになります。もちもちしたご飯は肉汁との相性がとてもいいので、今回はお赤飯を使います。山菜おこわやピラフでもおいしくいただけます」。赤飯（300g）を詰めやすい大きさに軽くまとめてから、お

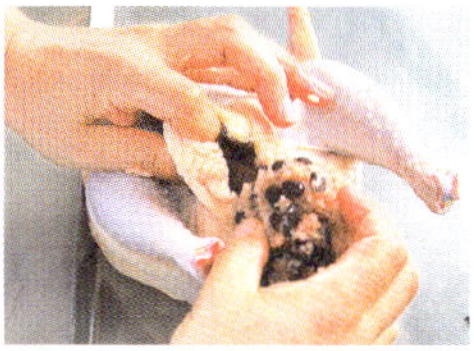

なかの中に入れていく。全部を詰めたら、開いた部分の皮に竹串を刺して留める。

形を整える　—３カ所をきっちり縛って形良く

鶏肉をたこ糸で縛って形を整える。縛るのは３カ所。まず２本の脚先を束ねるように結ぶ。次にももの付け根あたりに、胴体をぐるりと1周巻く形で縛る。最後に手羽先を背中に回すように曲げ、その上から同様に胴体を縛る。

玉ネギ、ニンジン、セロリ（各80g）を1cm角程度のさいの目に切っておき、オーブンの天板に敷き詰める。これらの野菜は、焼いている鶏肉に風味と水分を補給する役割だ。この上に鶏肉を腹側を上にして置き、表面にきれいな焼き色を付けるため、たっぷりのオリーブ油をかけ手で全体に塗り付ける。

オーブンで焼く　—家庭用小型オーブンは何度も開けない

鶏肉の下ごしらえをしている間に、オーブンを230℃に温めておく。鶏肉をオーブンに入れたら、あとはじっくりと焼いていく。

「大きなオーブンであれば、途中でときどき天板にたまった油を鶏肉の上からかけて、表面の油を補いましょう。ただし小型のオーブンの場合は、1回くらいで

いい。小型のオーブンは開けると中の温度が急激に下がり、もとの高温に戻るにはかなりの時間がかかるので、何度も開けないことが大切です」

焼き始めてから1時間弱がたった。鶏肉がきつね色に色付き、天板に敷いた野菜はかなり焦げている（野菜は最終的に黒焦げになるので、野菜の焦げ方で肉の焼け具合を見ることはできない）。「230℃で1時間が一応のめどですが、焼き時間はオーブンのサイズや鶏肉の大きさによって違ってきます。中まできっちり火が通るよう、少しオーバー気味に焼いた方が良いでしょう」。土井先生は金串を手にして、鶏のももの付け根に深く突き刺した。そして引き抜いた金串の中央を、唇の下にあてがって温度を確かめる。「このももの付け根の部分が、肉が厚いので一番火が通りにくい。鶏肉は65℃に加熱されれば、火が通って白くなります。こうして肉の中の温度を確かめ、『しっかり熱い』と感じられたら焼き上がっています」。

オーブンから取り出したローストチキンがじゅうじゅうと音を立て、こんがりと焼けた香ばしいにおいが厨房に広がる。土井先生はバターで焼いたジャガイモを大皿に敷き、その上にローストチキンを盛り付けて手製の紙飾りを付けた。

チキンのさばき方

―胴体とつながる関節がポイント

「ではナイフでローストチキンをさばいて取り分けましょう。手順通りにすれば

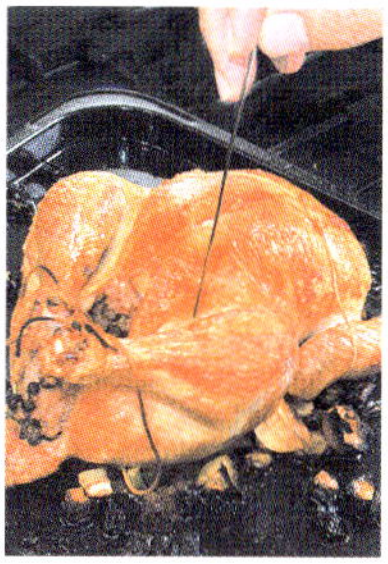

身がはがれ、後はつながっている関節を外すだけできれいに取り分けられます」

❶片方のもも肉を外す
▽腹側を上にして置き、ももの付け根（左図の点線①）に切り込みを入れる。
▽脚を持ち外側に引きはがせば、もも肉が簡単にはがれていく。
▽胴体ともも肉が一カ所の関節だけでつながっている状態になるので、そこに少しナイフを入れれば外れる。
❷同じ側の胸肉も外す
▽鶏の胸の真ん中には、1本の「胸骨」が通っている（左図を参照）。まずその脇にまっすぐ刃を入れる（胸骨の下にはあばら骨があるので、そこまで切り込む）。
▽次にその切り口をフォークで開きながら、あばら骨に沿って身を切り離す。そうすると、胸肉と手羽とが一緒になって外れていく。
▽最後に手羽の付け根の関節（左図を参照）

チキンの部位とナイフを入れる位置

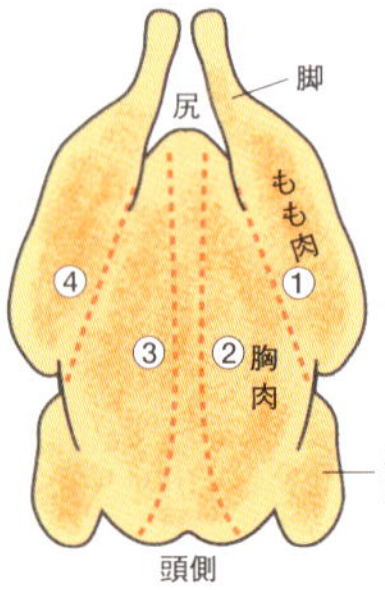

胸肉を外すときの断面イメージ
（上が腹側、下が背側）

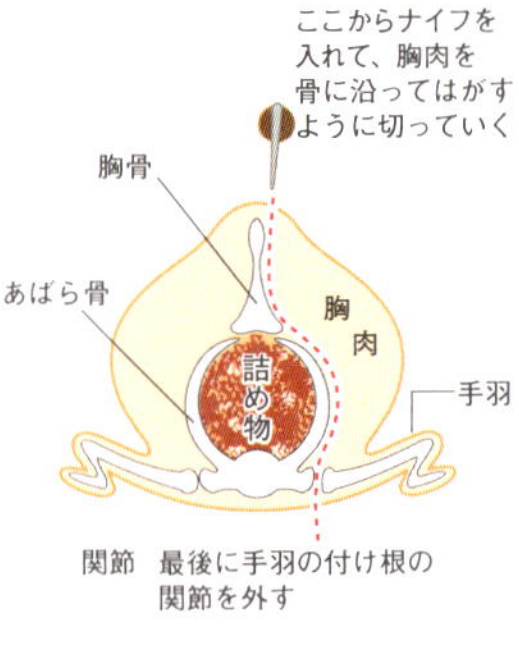

が胴体とつながっているので、そこにナイフを入れて外す。

❸反対側のもも肉と胸肉を外す

▽反対側も同じようにして、もも肉と胸肉を外す（最終的に1羽のチキンが左右のもも肉・胸肉＝計4ピースと、胴体の「鶏ガラ」とに分かれる）。

▽おなかの詰め物を取り出し、チキンと一緒に皿に盛り付ける。

取り分けたローストチキンは、もっちりとした身から凝縮された肉汁がじわりとあふれ、かみしめるたびにコク深いおいしさが口いっぱいに広がっていく。赤飯もチキンの濃いうまみと一体になって調和し、まさに和洋のハレ料理の協奏といった味わいだ。

「ローストチキンはオーブンに入れたら後は焼くだけなので、調理するホスト役も来客と一緒に前菜を食べたり会話を楽しめます。このお料理をマスターすれば、いつでも余裕しゃくしゃくでおもてなしができますよ」

レシピ

ローストチキン

材料（5〜6人分）

鶏肉（内臓を抜いたもの）――1羽（1.5kg）
赤飯（市販のもの）――300g
香味野菜
　玉ネギ、ニンジン、セロリ（さいの目切り）――各80g
塩、コショウ――各適宜
オリーブ油――適宜

作り方

1. 鶏のおなかの中をきれいにして、鶏の表面と腹の中に塩、コショウを丁寧にすり込んで1時間ほど置く。オーブンは230℃に温めておく。
2. 1の鶏の腹の中に赤飯を詰め込む。形を整え脚先をたこ糸で結ぶ。
3. 天板に香味野菜を敷いて2の鶏を載せ、上からオリーブ油をかけ、熱しておいたオーブンに入れて1時間ほど焼く。
4. 焼き上がったものを切り分ける。

土井善晴（どい・よしはる）

料理研究家、フードプロデューサー。1957年、家庭料理の第一人者として定評のあった故・土井勝の次男として大阪に生まれる。スイス、フランスで西洋料理を、大阪の「味吉兆」で日本料理を修業。1992年「土井善晴 おいしいもの研究所」を設立。テレビ朝日系「おかずのクッキング」をはじめとするテレビ番組や、雑誌などで家庭料理を指導。わかりやすく親しみやすい語り口には定評がある。また、レストラン等のプロデュース、早稲田大学文化構想学部非常勤講師など、多彩な活動を行う。著書に『日本のお米、日本のご飯 The Japanese Rice Cooking Book』『土井家の「一生もん」2品献立』（ともに講談社）、『祝いの料理』（テレビ朝日コンテンツ事業部）など多数。

「おいしい」と言《い》われるワンポイント
土井善晴《どいよしはる》の定番料理《ていばんりょうり》はこの1冊《さつ》

2009年6月30日　初版1刷発行
2024年2月10日　6刷発行

著者　土井善晴《どいよしはる》
発行者　三宅貴久
発行所　株式会社 光文社
〒112-8011 東京都文京区音羽1-16-6
電話 編集部 03(5395)8172 書籍販売部 03(5395)8116
業務部 03(5395)8125
メール gakugei@kobunsha.com
落丁本・乱丁本は業務部へご連絡くだされば、お取替えいたします。
組版　萩原印刷
印刷所　萩原印刷
製本所　ナショナル製本

ISBN 978-4-334-97576-0 Printed in Japan